Klaudia Hochhuth

# REIKI

## Natürliche Heilungsenergie der Hände

Eine praktische Anleitung
zu einer alten Heilkunst

Titel der australischen Originalausgabe:
*Practical Guide to REIKI, an Ancient Healing Art*
Aktualisierte und erweiterte deutsche Übersetzung
von Klaudia Hochhuth
Lektorat: Sylvia Luetjohann
Gesamtgestaltung von Peter Craemer



Die in diesem Buch enthaltenen Gedanken stellen die
persönliche Meinung und das persönliche Verständnis
der Autorin dar und nicht die des Rechteinhabers für
*Ein Kurs in Wundern*.

1. Auflage 1994



Published by arrangement with
Gemcraft Books, East Malvern, Victoria/Australia



Printed in Germany

ISBN 3-925828-36-2

Dieses Buch ist
meinen Eltern und meinem Bruder
gewidmet

## Danksagung

Ich möchte mich bei Faith Brown, Eileen Chapman und Pavel Janousek herzlich bedanken, die bei der Entstehung meines ersten Reiki-Buches mitgeholfen haben.

Ganz besonders möchte ich allerdings Reiki-Meister Jim Frew hervorheben, der mich inspiriert und ermutigt hat, dieses Buch zu schreiben. Seine praktische Unterstützung und sein fachlicher Rat haben es mir möglich gemacht, diese Aufgabe zu erfüllen.

# Inhalt

**Anhang**

# Einleitende Worte der Autorin

Es ist keine leichte Aufgabe, jemandem genau zu erklären, was *Reiki* ist, egal, ob man darüber spricht oder schreibt. Es ist ungefähr so, als wenn ich versuche, dir das Aroma einer exotischen Blume zu beschreiben, die du noch nie gesehen und von der du auch noch nicht gehört hast. Es ist fast unmöglich, dir einen Eindruck davon zu vermitteln, wie diese Blume duftet.

Es wäre allerdings ganz einfach, wenn du an der Blume riechen würdest, und genauso ist es auch mit Reiki. So wie du den Duft der Blume nur wirklich erfassen kannst, wenn du an ihr riechst, so kannst du auch Reiki nur richtig und tief kennenlernen, wenn du es in einer Behandlung selbst an dir erfährst.

Natürlich gibt es bei Reiki auch eine intellektuelle Komponente, einen theroretischen und historischen Hintergrund. Diese Aspekte von Reiki werde ich in diesem Buch näher beleuchten, und ich vertraue darauf, daß dieses Buch auch diese Funktion erfüllt und in dir eine gesunde Neugier auslösen wird.

Wenn dies also deine erste Begegnung mit Reiki, der universellen Lebensenergie, ist, wünsche ich mir, daß du jemanden findest – das kann ein Reiki-Praktizierender sein oder ein Reiki Meister –, der dir die Erfahrung von Reiki in einer Behandlung ermöglicht.

Vielleicht wirst du dann durch diese Erfahrung verstehen, warum sich das Wissen um diese sanfte und dennoch kraftvolle Heilmethode in weniger als fünfundzwanzig Jahren von der Insel Kauai in Hawaii aus in der ganzen Welt so sehr verbreitet hat. Ungefähr fünfunddreißig Jahre lang war Großmeisterin Hawayo Takata die einzige Lehrerin des Usui-Systems der natürlichen Heilung, und heute gibt es mehrere Tausende von Reiki-Praktizierenden und viele Reiki-Meister/innen weltweit, was zeigt, wie groß die Anziehungskraft von Reiki ist.

Man sagt, daß Reiki »Türen öffnet« und »neue Lebenswege« schafft. Ich hoffe von ganzem Herzen, daß sich dir, liebe Leserin und lieber Leser, nachdem du das Buch gelesen hast, ungeahnte, neue und wunderbare Möglichkeiten auftun, denn so ist es mir selbst vor ca. zwölf Jahren passiert. Und wenn du dich dafür entscheidest, deinen Lebensweg mit Reiki zu bereichern, wünsche ich dir viel Freude und Erfüllung.

Zum Abschluß möchte ich alle Leser dieses Buches ermutigen, mir ihre Fragen, Gedanken und Erfahrungen zu schreiben. Auf diese Art und Weise kann das Wissen von Reiki beständig geteilt und erweitert werden zum Wohl von allen.

Aus praktischen Gründen habe ich es vorgezogen, in den meisten Fällen die männliche Anrede zu benutzen. Ich bitte um das Verständnis der weiblichen Leser. Danke.

Klaudia Hochhuth, Juni 1994

# Teil 1

# Die Geschichte von Reiki und seine Theorie

## Kapitel 1

# Was ist Reiki?

*Reiki* ist ein japanisches Wort und steht für »Universelle Lebensenergie«. Die Silbe *rei* beschreibt den universellen, grenzenlosen Aspekt dieser Energie, während die Silbe *ki* für die Lebensenergie steht. *Rei-ki* bedeutet demzufolge universelle Lebensenergie oder universelle Lebenskraft. Sie ist unendlich und fließt ohne Ende. Sie ist die Energie des gesamten Kosmos – die lebensspendende Kraft, die alles zum Leben bringt und alles am Leben erhält – Menschen, Tiere, Pflanzen – alles, was auf unserem Planeten wohnt.

Vielleicht hast du von Tai Chi oder Aikido gehört. Die Silben *ki* oder *chi* bedeuten Energie, genau wie in Reiki. In anderen Kulturen werden Begriffe verwendet wie zum Beispiel Licht oder Heiliger Geist (Christentum) oder Bioplasma/ Bioenergie (russische Forschung) oder Prana (Hinduismus und Buddhismus).

Reiki ist eine natürliche Heilweise, die Mitte des neunzehnten Jahrhunderts von einem christlichen Erzieher mit dem Namen Dr. Mikao Usui wiederentdeckt wurde, und aus diesem Grund wird diese Heilkunst auch das Usui-System der natürlichen Heilung genannt.

Am einfachsten und praktischsten kann man Reiki folgendermaßen beschreiben: Reiki ist das Kanalisieren von universeller Lebensenergie durch das Auflegen der Hände.

Wenn Reiki aktiviert und zum Zweck von Heilung angewandt wird, richtet es sich an Körper, Geist und Seele. Es erhöht die Fähigkeit des Körpers, physisch manifestierte

Symptome zu heilen und öffnet den Geist und die Seele für die Ursachen, die zu Krankheit und Schmerzen, Unwohlsein und Blockierungen geführt haben. Es ist notwendig, daß du die Gründe herausfindest, warum ein seelisches Problem oder eine körperliche Krankheit entstanden ist, damit du die Verantwortung für dein Leben voll und ganz übernehmen und dadurch dann Wohlbefinden, Freude und das Glück einer ausgewogenen Gesundheit erfahren kannst.

Reiki ist auch ein Hilfsmittel, das dir den Weg weist, deinen spirituellen Weg zu entdecken. Vielleicht hast du deine Spiritualität vor ein paar Monaten, ein paar Jahren oder noch länger zurück während deiner Kindheit aus den Augen verloren; oder es kann sein, daß du deinen spirituellen Weg noch gar nicht gefunden hast. Reiki ist eine sanfte und dennoch kraftvolle Methode, Zugang zu deiner Spiritualität zu bekommen und den Sinn in deinem Leben zu finden. Reiki schafft oder stellt das Gefühl in dir her, daß du dich eins mit dir selbst und mit anderen, mit der gesamten Menschheit und unserer Mutter Erde fühlst. Reiki wird dir das Gefühl geben, »zu Hause« zu sein.

## Kapitel 2

# Die Geschichte von Reiki

Einleitende Worte der Autorin zur Geschichte von Reiki

Bis etwa zum Jahre 1985 – den genauen Zeitpunkt kann ich nicht mehr feststellen – wurde die Geschichte von Reiki nur mündlich überliefert. Ich kann mich noch sehr gut daran erinnern, als ich 1983 an meinem Reiki-Seminar zum ersten Reiki-Grad teilnahm und Reiki-Meisterin Mary McFadyen uns die Überlieferung von Reiki schilderte. Zwei Jahre später erhielt ich bei meiner Initiation zur Reiki-Meisterin ein kostbares Geschenk von Großmeisterin Phyllis Lei Furumoto – eine neunzig Minuten lange Tonkassette, auf der Großmeisterin Hawayo Takata die Reiki-Geschichte in ihren eigenen Worten erzählt; dieses bedeutsame geschichtliche Dokument wurde kurz vor Hawayo Takatas Tod aufgenommen. Obwohl die Qualität der Kassette sehr schlecht ist, hat diese Schilderung eine ganz besondere Ausstrahlung. Ich habe mir diese Kassette immer wieder angehört und sie als Informationsgrundlage genommen, dir, liebe Leserin und lieber Leser, einen Eindruck davon zu vermitteln, wie das Geschenk von Reiki in die Gegenwart gelangt ist.

Die Geschichte von Reiki beginnt Ende des 19. Jahrhunderts in Japan. Dr. Mikao Usui, der Leiter einer kleinen christlichen Universität in Kyoto, hielt seinen Sonntagsgottesdienst ab und wurde von einem seiner älteren Studenten gefragt, ob er die Inhalte der Bibel wörtlich nehme. «Aber natürlich«, antwortete Dr. Usui, »sonst würde ich mich ja nicht in den Dienst Christi gestellt haben.«

Dr. Usui war von dieser Frage sehr überrascht und sich zu dem Zeitpunkt noch nicht bewußt, daß dieser Moment ein Wendepunkt in seinem Leben werden würde. Der Student ließ nicht locker: »Wir hier sind junge wißbegierige Männer und möchten gerne handfeste Beweise haben für das, was in der Bibel behauptet wird. Es wird gesagt, daß Jesus die Kranken heilte, Tote auferstehen ließ und auf dem Wasser wandelte. Haben Sie so etwas jemals mit eigenen Augen gesehen, Dr. Usui? Oder haben Sie nur davon gehört und darüber gelesen?

Für Sie ist blinder Glaube genug,« fuhr der Student fort, »aber wir haben gerade erst angefangen, uns mit diesen Dingen zu beschäftigen. Wir haben viele offene Fragen, und blinder Glaube ist uns nicht genug!«

Dr. Usui schwieg, denn er wußte keine Antwort darauf. Am nächsten Tag kündigte er seinen Posten als Leiter der Doshisha Universität und ließ seine Studenten mit den Worten zurück: »Eines Tages werde ich zurückkommen und euch beweisen, daß die Heilung, wie Jesus sie in der Bibel praktizierte, auch von uns Menschen hier und heute ausgeübt werden kann.«

Er begab sich auf eine lange Reise, und sein erstes Ziel war die Universität in Chikago/Amerika, wo er Philosophie und Religionswissenschaften studierte, zu Doktorwürden gelangte und auf diese Weise hoffte, hinter die Geheimnisse zu kommen, wie Jesus die Kranken heilte.

Seine Bemühungen waren vergeblich, und so kehrte er nach sieben Jahren enttäuscht in sein Heimatland Japan zurück. Nun wandte er sich dem Buddhismus zu, denn er wußte, daß Buddha auch über heilende Kräfte verfügt hatte. Er scheute keine Mühe, japanische Übersetzungen von buddhistischen Schriften zu studieren, lernte die chinesische Sprache und sogar Sanskrit, damit er in der Lage war, die Sutras zu lesen. Dort fand er endlich, wonach er gesucht hatte, die Formel, Symbole, die Beschreibung, wie Buddha geheilt hatte. Leider war seine Freude nur von kurzer Dauer, denn obwohl er das Wissen wiederentdeckt hatte, fehlte es ihm noch an der Kraft, selbst Heilung auszuüben.

Dr. Usui blieb auf seiner Suche weiterhin hartnäckig und sprach darüber mit einem alten Freund, dem Abt eines Klosters. Er entschloß sich, auf den heiligen Berg Kuriyama zu steigen, um zu fasten und zu meditieren. Für Dr. Usui war das ein letzter Versuch, die Kraft zum Heilen zu finden. »Wenn ich nach 21 Tagen nicht wieder zurück im Kloster bin, schickt bitte einen Suchtrupp nach mir los,« und mit diesen Worten machte er sich auf den Weg.

Er fand einen Platz in der Nähe eines Flüßchens, so daß er immer zu trinken hatte. Eine Uhr hatte er nicht mitgenommen, und so legte er 21 kleine Steinchen vor sich hin und warf jeden Morgen bei Tagesanbruch einen der Steine fort. Drei Wochen lang meditierte er, las in den Sutras und in der Bibel und sang Mantras. Er wartete auf ein Phänomen, welches ihn in das Geheimnis des Heilens einweihen würde, hatte aber keinerlei Vorstellung davon, was es sein könnte.

Am 21.Tag, als die Nacht am dunkelsten war und er enttäuscht darüber sinnierte, daß nichts passiert war, sah er am Horizont ein Licht. Zuerst hatte es nur die Größe einer Kerze, aber es wuchs und wuchs, je näher es auf ihn zukam. Dr. Usui hatte nur Sekunden Zeit, sich zu überlegen, was er tun sollte und entschied sich dafür, standzuhalten und dieser Erscheinung zu begegnen. Obwohl er Angst hatte, bewegte er sich nicht, und der Lichtstrahl traf ihn genau zwischen seine Augenbrauen. Da die Kraft so ungeheuer war, fiel er zu Boden und verlor sein Bewußtsein. In schneller Folge sah er in allen Farben schillernde Seifenblasen. Sie enthielten die Symbole, die er vorher in den Sutras entdeckt hatte. Sie brannten sich in sein Gedächtnis ein, und er wußte auf einmal ganz tief in seinem Herzen um ihre Heilkraft und wie sie zu benutzen sind.

Als er erwachte, war es bereits heller Tag. Er erhob sich und bemerkte mit großem Erstaunen, daß sein Körper sich frisch und gekräftigt anfühlte, obwohl er 21 Tage lang außer Wasser nichts zu sich genommen hatte. »Das ist das erste Wunder,« sagte er zu sich selbst und begann den Abstieg vom heiligen Berg.

Auf halbem Weg stolperte er und stieß sich an seinem großen Zeh, so daß der Nagel zurückgerissen wurde und es stark zu bluten anfing. Der Schmerz war stechend, und intuitiv griff er mit seiner Hand nach dem Zeh. In demselben Moment, wo er den Zeh umfaßte, spürte er so etwas wie ein Pumpen und Pulsieren – wie ein Herzschlag – in seinem Fuß; zu seinem großen Erstaunen ließ der Schmerz nach, und die Wunde hörte auf zu bluten. »Das ist das zweite Wunder«, murmelte er und setzte seinen Weg fort.

Allmählich begann Dr. Usui sich hungrig zu fühlen, und er kehrte in eine kleine Herberge ein, um ein nahrhaftes Frühstück zu sich zu nehmen. Der alte Mann, der ihn bediente, zögerte, als Dr. Usui seine Bestellung aufgab, und sagte: »Lieber Mönch, du kommst gerade von dem heiligen Berg. An der Länge deines Bartes kann ich erkennen, daß du dort mindestens drei Wochen gewesen bist und wahrscheinlich meditiert und gefastet hast. Ein kräftiges Frühstück, so wie du es bestellt hast, ist bestimmt nicht gesund für dich. Du wirst fürchterliche Magenkrämpfe bekommen. Ich schlage dir vor, daß du mit einem kleinen Schälchen Reis vorlieb nimmst.«

Dr. Usui war davon gar nicht begeistert und bestand darauf, ein richtiges und reichhaltiges Frühstück zu bekommen. Und so geschah das dritte Wunder an diesem Tag – nach dem ausgiebigen Frühstück hatte er nicht die geringsten Magenbeschwerden, sondern fühlte sich satt und glücklich.

Die Tochter des Wirtes, die ihm das Frühstück servierte, hatte ein geschwollenes und verweintes Gesicht. Dr. Usui fragte sie, weshalb sie Kummer habe. »Ich habe so starke Zahnschmerzen, daß ich es nicht mehr aushalten kann,« antwortete sie unter Tränen. Mit ihrem Einverständnis umfaßte er ihr Gesicht mit beiden Händen, und bereits wenige Minuten später ließen ihre Schmerzen nach, und die Wange begann abzuschwellen. »Das ist ja wie ein Wunder«, strahlte das Mädchen und bedankte sich bei Dr. Usui.

Bei seiner Rückkehr ins Kloster erfuhr Dr. Usui, daß sein Freund, der Abt, mit einem starken Anfall von Arthritis im Bett lag. Er machte sich sofort auf den Weg zu ihm und linderte mit seinen heilenden Händen seine Schmerzen. Beide waren von nun an fest überzeugt, daß Dr. Usui das gefunden hatte, wonach er so lange gesucht hatte. Sie wählten für diese wunderbare Heilkraft den Namen *Reiki*, was universelle Lebensenergie bedeutet. Das *Usui-System der natürlichen Heilung* war geboren und hatte seinen Namen bekommen.

Während der nächsten sieben Jahre arbeitete Dr. Usui in den Slums von Kyoto. Im Austausch für die Reiki-Behandlungen, die er den Kranken, Bettlern und Bedürftigen gab, erhielt er drei Mahlzeiten am Tag und ein Bett zum Schlafen. So half er vielen Menschen und ermutigte sie, die Slums zu verlassen, um eine ordentliche Arbeit zu finden. Eines Tages jedoch traf ihn ein großer Schock, der ihn zutiefst aufrüttelte. Auf einem seiner Abendspaziergänge entdeckte er einige Gesichter, die ihm sehr bekannt vorkamen, und tatsächlich, es waren diejenigen, denen er vor Jahren Reiki gegeben hatte und die heil und gesund die Slums verlassen hatten. »Warum seid ihr wieder hier?« fragte er. »Wenn wir draußen sind, ist unser Leben ganz anders. Wir müssen arbeiten, um unseren Lebensunterhalt zu verdienen, aber hier im Bettlerviertel können wir einfach so vor uns hin leben, und das ziehen wir vor.«

Mit dieser Antwort kam ihm eine schreckliche Erkenntnis: »Ich habe mich beim Heilen auf den Körper konzentriert, nicht auf die Seele und die Denkweise dieser Menschen.« Sein Entschluß stand fest: Er verließ die Slums und widmete sein Leben von nun an der Aufgabe, nur denjenigen Reiki zu geben, die es in Dankbarkeit annahmen, und er lehrte nur jene, die wirklich Interesse daran hatten, sich selbst zu heilen. Dieses anfangs sehr schmerzhafte Erlebnis führte dazu, daß Dr. Usui die Reiki-Lebensregeln aufstellte, die bis heute ein wesentlicher Bestandteil des Usui-Systems der natürlichen Heilung geblieben sind:

*Gerade heute sorge dich nicht.*
*Gerade heute ärgere dich nicht.*
*Verdiene deinen Lebensunterhalt ehrlich.*
*Ehre deine Lehrer, Eltern und die Älteren.*
*Zeige Dankbarkeit, und achte alles Leben.*

Eine der größten Lektionen, die Dr. Usui durch Reiki gelernt hatte, war, daß freie Reiki-Behandlungen und kostenlose Reiki-Seminare nicht gewürdigt wurden. Er widmete den Rest seines Lebens der Aufgabe, Reiki zu lehren, Reiki zu verbreiten und Reiki zu dienen.

Einer von Dr. Usuis Schülern war Chujiro Hayashi, ein

pensionierter Marineoffizier. Er suchte nach einer Möglichkeit, den Menschen zu dienen und sich selbst und andere zu heilen. Daraus resultierte sein langgehegter Wunsch, Reiki zu lernen. Er war ein außerordentlich pflichtbewußter und engagierter Reiki-Praktizierender, so daß Dr. Usui ihn zum Reiki-Meister einweihte und zu seinem Nachfolger ernannte, als er spürte, daß die Zeit, seinen Körper zu verlassen, gekommen war.

Hawayo Takata lernte Chujiro Hayashi kennen, als sie von Hawaii nach Japan gekommen war, um sich einen bösartigen Tumor entfernen zu lassen. Während der Vorbereitung für die Operation hatte sie eine dunkle Ahnung, daß es einen anderen Weg der Heilung geben müsse. Sie verweigerte den chirurgischen Eingriff und begab sich in Dr. Hayashis Klinik, wo ausschließlich mit Reiki behandelt wurde. Sie hatte ihren Weg zu Reiki gefunden. Regelmäßige Behandlungen mobilisierten ihre Selbstheilungskräfte, so daß sie wieder vollständig gesund wurde. Von diesem Augenblick an widmete sie ihr ganzes Leben der universellen Lebensenergie – dem Usui-System der natürlichen Heilung. Zuerst praktizierte sie in Dr. Hayashis Klinik, später dann in Hawaii, und Dr. Hayashi war sich dessen bewußt, was für eine ernsthafte Schülerin er in ihr gefunden hatte. Er weihte sie 1938 zur Reiki-Meisterin ein, und kurz vor seinem Tode ernannte er sie zur Nachfolgerin des Usui-Systems der natürlichen Heilung.

Hawayo Takata erinnerte sich noch sehr genau daran, wie Dr. Hayashi sie eines Tages warnte – etwa zwei Jahre, bevor sie zur Reiki-Meisterin eingeweiht wurde: »Wenn du einmal Meisterin wirst, gib Reiki niemals kostenlos, denn wenn es kostenlos ist, wird es für die Schüler ohne Wert sein.« Hawayo Takata nahm sich diesen Rat zu Herzen, mußte aber trotzdem ihre eigenen Erfahrungen auf diesem

Gebiet machen. So weihte sie am Anfang voller Enthusiasmus, nachdem sie Reiki-Meisterin geworden war, Freunde, Verwandte und viele Bekannte kostenlos ein. Eines Tages hatte sie ein lehrreiches Erlebnis. Ihre Nachbarin kam zu Besuch und bat sie, ihrer kranken Tochter Reiki zu geben. Hawayo Takata war sehr erstaunt, denn sie hatte die Nachbarin vor einiger Zeit in den ersten Reiki-Grad eingeweiht; sie war also in der Lage, selbst Reiki-Behandlungen zu geben. »Warum tust du es nicht selbst, ich habe es dich doch gelehrt?« fragte Hawayo Takata. »Warum soll ich es machen, wo du doch die Expertin auf diesem Gebiet bist? Es ist einfacher, wenn du es tust«, lautete die Antwort der Nachbarin. Ähnliche Erlebnisse häuften sich, und es waren immer jene, welche Hawayo Takata kostenlos gelehrt hatte, die Reiki nicht anwenden wollten, sondern sich statt dessen an sie wandten oder gar keinen Wunsch hatten, Reiki zu praktizieren und in ihrem Leben anzuwenden. Hawayo Takata erinnerte sich wieder an Dr. Hayashis Worte und machte es sich nun zur Grundregel, daß sie nicht mehr umsonst Reiki-Seminare und -Behandlungen gab. Ihre eigenen Schwestern waren dabei keine Ausnahme, sie lernten Reiki und bezahlten in monatlichen Raten für die Teilnahme am Seminar.

Hawayo Takata spürte, daß diese Herangehensweise richtig und fair war, und es dauerte nicht lange, bevor sich dies bestätigte. Die Tochter einer ihrer Schwestern hatte einen schweren Asthmaanfall, und ihre Schwester gab der Tochter Reiki und konnte ihr dadurch helfen. Tage später sagte ihre Schwester: »Hawayo, jetzt weiß ich, warum du mich damals für das Reiki-Seminar hast bezahlen lassen. Am Anfang war ich ärgerlich darüber, aber jetzt bin ich voller Dankbarkeit. Ich habe den Wert von Reiki erkannt und kann mir selbst und anderen helfen. Wenn ich zurückblicke, habe ich für den geringen Preis so unendlich viel erhalten, und Reiki ist in mir für den Rest meines Lebens. Wenn ich es so betrachte, ist es ein unbezahlbares Geschenk, das ich mir selbst gegeben habe.« Als zusätzlichen Dank für die universelle Lebensenergie versprach sie, Hawayo immer Reiki zu geben, wenn sie gemeinsam Zeit verbrachten.

Auf der Tonkassette schließt Hawayo Takata mit den Worten: »Meine Lehrer hatten recht, sie hatten absolut recht.«

## Abschließende Worte der Autorin zur Geschichte von Reiki

Aus praktischen Gründen wegen der Länge der Tonkassette mußte ich eine Auswahl treffen, was ich für wichtig und weniger wichtig hielt. Die Geschichte von Reiki ist in vielen Büchern bereits niedergeschrieben worden, und so wollte ich einen Bereich hervorheben, der meiner Ansicht nach oft zu kurz gekommen ist und nicht genügend Beachtung fand. Der Aspekt der Bezahlung – des Energieaustausches für Reiki – scheint mir bei der jetzigen Entwicklung von Reiki außerordentlich bedeutsam zu sein.

Es ist nicht mein Recht und auch nicht meine Absicht, ein Urteil zu treffen, ob und wieviel für Reiki-Behandlungen und -Seminare bezahlt werden sollte. Es gibt Reiki-Meister, die Reiki kostenlos oder auf Spendenbasis lehren. Manchmal frage ich mich allerdings, ob diese Meister um die Tiefe der Erfahrungen von Dr. Usui und später von Hawayo Takata wissen und diese wirklich verstehen, verarbeitet und in ihr Lehren integriert haben. Ich persönlich habe aus den Erfahrungen der Großmeister sehr viel gelernt und ihr Wissen zum Teil meines Reiki-Lehrens gemacht.

Nicht umsonst sprechen wir bei Reiki von einem Energieaustausch zwischen dem, der Reiki gibt, und dem, der es empfängt. Mein oberstes Gebot ist, niemandem Reiki zu verweigern – egal, ob er eine Behandlung haben oder an einem Seminar teilnehmen möchte. Ich habe sehr gute Erfahrungen damit gemacht, daß dieser Energieaustausch nicht unbedingt finanzieller Natur sein muß (siehe auch Kapitel 23). Wenn ich jemandem zwei Tage meiner Zeit gebe, um den ersten Reiki- Grad zu lehren, erwarte ich, daß der Reiki-Schüler gewillt ist, mir zwei Tage seiner Zeit zu geben, wenn er nicht genug Geld hat, um das Seminar zu bezahlen. Jeder Reiki-Schüler hat Fähigkeiten, die er mir im Austausch für meine Zeit anbieten kann. Diese Herangehensweise bestätigt den Aspekt der Ausgewogenheit des Gebens und Nehmens, und das ist ein wesentlicher Bestandteil in der Lehre von Reiki.

Ich hoffe damit, dir, liebe Leserin und dir, lieber Leser, einen Gedankenanstoß gegeben zu haben.

## Kapitel 3

# A. Die gegenwärtige Entwicklung von Reiki in der westlichen Welt

Phyllis Lei Furumoto ist die Enkelin von Hawayo Takata und wurde schon als kleines Kind in Reiki eingeweiht. Hawayo Takata reiste viel umher, um Reiki zu lehren, und als Phyllis Ende zwanzig war, begann sie ihre Großmutter auf diesen Reisen zu begleiten. Anfang 1979 wurde sie dann als Reiki-Meisterin eingeweiht.

Hawayo Takata hatte zweiundzwanzig Reiki-Meister trainiert und eingeweiht, bevor sie im Dezember 1980 starb. Auf ihrem Totenbett ernannte sie ihre Enkelin Phyllis Lei Furumoto zu ihrer Nachfolgerin. Phyllis erhielt damit das Vermächtnis , die spirituelle Linie von Reiki – dem Usui-System der natürlichen Heilung – traditionsgemäß fortzusetzen.

Phyllis Furumoto ist die gegenwärtige Großmeisterin von Reiki – dem Usui-System der natürlichen Heilung. Sie hat ihr Leben der Verbreitung des Wissens von Reiki gewidmet und verkörpert die traditionellen Prinzipien von Reiki – wie sie Dr. Usui einst aufgestellt hat.

Eine Gruppe von Reiki-Meistern gründete im Jahre 1982 die *Reiki Alliance,* eine weltweite Organisation für Reiki-Meister, die zur gegenseitigen Unterstützung dient. Bei der Herausgabe dieses Buches (Mitte 1994) gibt es ca. 600 Mitglieder, und kaum ein Land der Erde ist nicht mit Reiki-Meistern aus der Reiki Alliance vertreten.

Im Januar 1993 fand eine interessante Entwicklung statt. Auf einem Meister-Intensive in Deutschland, geleitet von Großmeisterin Phyllis Furumoto, wurde eine wichtige Entscheidung getroffen. Paul David Mitchell, ein

Reiki-Meister aus Amerika, der vor vielen Jahren von Hawayo Takata eingeweiht worden war, wurde zum Oberhaupt der Disziplin im Usui-System der natürlichen Heilung ernannt. Dieser Schritt hatte sich als notwendig erwiesen, da Reiki sich derartig schnell verbreitet hat, daß die spirituellen Anforderungen und die Arbeitslast der Großmeisterin aufgeteilt werden mußten. Phyllis Furumoto wird nach wie vor die Rolle der Großmeisterin erfüllen, da sie die Trägerin der spirituellen Linie ist, und diese kann sie mit niemandem teilen. Phyllis' und Pauls Absicht ist es, gemeinsam die Verantwortung zu tragen, welche die Nachfolgeschaft der spirituellen Linie des Usui-Systems der natürlichen Heilung mit sich bringt. Auf praktischer Ebene wird es so aussehen, daß sie gemeinsam Seminare anbieten, in denen sie ihr tiefes Wissen über Reiki mit Schülern und Meistern weltweit teilen wollen.

In der Gründungserklärung der Reiki Alliance heißt es:

* Wir sind eine Vereinigung von Reiki-Meistern.
* Wir betrachten alle Meister als gleich in der Einheit von Reiki.
* Wir erkennen Phyllis Lei Furumoto als eine Großmeisterin in der direkten spirituellen Linie von Mikao Usui, Chujiro Hayashi und Hawayo Takata an.
* Es ist die Absicht der Vereinigung, uns als Lehrer in dem Mikao Usui-System von Reiki zu unterstützen.

Die Reiki Alliance setzt sich für einen hohen Standard ein, wie Reiki-Schüler gelehrt und Reiki-Meister ausgebildet werden sollen, und wenn du als Reiki-Meister ein Mitglied der Reiki Alliance werden möchtest, mußt du ihren Richtlinien zustimmen. Grundsätzlich ist die Mitgliedschaft offen für alle Reiki-Meister, unabhängig davon, welchen Reiki-Weg sie gehen und welcher spirituellen Reiki-Linie sie angehören. Es gibt allerdings innnerhalb der Reiki

Alliance ein Patenschaftsprogramm, das sicherstellen soll, daß diejenigen, die in die Reiki Alliance eintreten, auch wirklich hinter den Richtlinien stehen und sich ihren Grundsätzen gegenüber verpflichtet fühlen. Ausschnitte aus den Richtlinien sind:

* Seine eigene Meisterschaft aktiv leben.
* Das Usui-System der natürlichen Heilung lehren (Vorschläge für das Lehren des ersten und zweiten Reiki-Grades; ebenso Meister-Training).
* Die Heiligkeit der Symbole anerkennen.
* Eine lebenslange Verbindlichkeit mit der Person eingehen, die zum Meister eingeweiht hat.

Mitglieder haben einmal im Jahr die Möglichkeit, sich auf der jährlichen Reiki Alliance-Konferenz zu treffen, und dieses Treffen ist ein sehr kraftvolles Erlebnis für alle, die daran teilnehmen. Hunderte von Reiki-Meistern aus der ganzen Welt kommen zusammen, um ihre Erfahrungen auszutauschen (auf der jährlichen Konferenz im Juni 1994 in der Schweiz trafen sich 250 Reiki-Meister aus der ganzen Welt). Sie alle sind verschiedene Wege gegangen und bringen sehr unterschiedliche Lebenserfahrungen mit sich, und trotzdem verbindet sie ein außerordentlich starkes Band – sie alle gehen den Reiki-Weg. Die Unterschiede in den Persönlichkeiten der Reiki-Meister sind groß, aber gerade diese Vielfalt zeigt das breite Spektrum von Reiki-Meistern und damit das unendlich vielfältige Potential von Reiki.

Ich gehöre der Reiki Alliance seit 1985 an, dem Jahr, in dem ich zur Reiki-Meisterin eingeweiht wurde. Ich finde das Netzwerk unter Meistern sehr wichtig, und für mich ist die Reiki Alliance meine Reiki-Meister-Familie. Der Zusammenschluß von Reiki-Meistern hat auch einen praktischen Nutzen für meine Reiki-Schüler. Wenn zum

Beispiel einer meiner Schüler in eine für ihn fremde Gegend reist, ist es sehr wahrscheinlich, daß ich ihm Namen und Adresse eines Reiki-Meisters in dem gewünschten Land und/oder der Stadt geben kann. Dadurch wird ein Kontakt unter Meistern und Schülern auf einer globalen Ebene gefördert, und das wiederum hilft der Verbreitung und dem Wachstum von Reiki auf internationaler Ebene.

Obwohl Großmeisterin Phyllis Furumoto im Gründungsausschuß der Reiki Alliance war, gehört sie jetzt keiner bestimmten Reiki-Organisation mehr an. Sie erkennt sowohl alle bestehenden Reiki-Organisationen an wie auch »unabhängige« Meister, die sich an keine Organisation binden möchten.

Die Meister, die sich in der Reiki Alliance zusammengeschlossen haben, erkennen Phyllis Furumoto als die Trägerin der spirituellen Reiki-Linie des Usui-Systems der natürlichen Heilung an, so wie es ihr von ihrer Großmutter Hawayo Takata übergeben wurde. Die Reiki Alliance geht momentan durch einen interessanten Entwicklungsprozeß hindurch, und allen Leserinnen und Leser, die sich über diese Entwicklung informieren möchten, schlage ich vor, mit einen Reiki-Meister, der Mitglied der Alliance ist, Kontakt aufzunehmen, um sich über den neuesten Stand berichten zu lassen.

Es gibt noch eine andere große Reiki-Meister- Organisation, die sich die *American International Reiki Association* (»Amerikanische Internationale Reiki-Vereinigung«, abgekürzt A.I.R.A.) nennt. Sie ist auch unter dem Namen *Radiance Technique* bekannt. Die A.I.R.A. wurde von Barbara Weber Ray im Jahre 1980 gegründet, und Meister dieser Organisation sind ebenfalls auf der ganzen Welt vertreten.

Es besteht keine Verpflichtung, einer Reiki-Organisation anzugehören, und demzufolge gibt es viele Reiki-Meister, die unabhängig sind. Reiki ist die universelle Lebensenergie, und es ist unmöglich, sie in Stücke aufzuteilen. Wenn es also im Laufe der Reiki-Entwicklung dazu gekommen ist, daß es mehrere verschiedene Reiki-Gruppen gibt, so ist das schlichtweg ein Ausdruck und ein Faktor der menschlichen Natur und ihrer Unterschiedlichkeit. Mache dir immer wieder bewußt, daß es nur eine Reiki-Energie gibt – und ein anderes Wort dafür ist für mich »die Energie der Liebe ohne Bedingungen«. Sie kann ebenfalls nicht aufgegliedert und in Bruchstücke zerlegt werden.

## B. Das Reiki-Rad

Großmeisterin Phyllis Furumoto hatte seit einigen Jahren versucht, eine anschauliche Definition des Usui-Systems der natürlichen Heilung zu entwickeln. Auf der Suche nach einer Erklärung hatte sie die Vision eines Rades. Vier Punkte zeichneten sich an dem Außenkreis dieses Rades ab, wobei der Mittelpunkt das Zentrum des Kreises und damit die Stabilität bildet. Die vier Punkte dieses Reiki-Rades sind Heilungstechnik, persönliches Wachstum, spirituelle Disziplin und mystischer Orden. Du kannst dir die vier Punkte auch als vier Türen – oder Öffnungen – vorstellen, durch die jemand in den Kreis eintritt und Reiki kennenlernt.

Laß mich dir die vier Aspekte des Reiki-Rades näher erklären. Hawayo Takata führte Reiki in die westliche Welt als eine *Heilungstechnik* ein, aber viele Reiki-Schüler waren sich nicht bewußt darüber, daß dies nur ein Aspekt von

Reiki ist. Die anderen Aspekte von Reiki entwickelten sich klarer und deutlicher, je mehr Menschen Reiki lernten und ihren eigenen persönlichen Nutzen daraus zogen.

Vorausgesetzt, Reiki ist »nur« eine Heilungstechnik, dann ist die spirituelle Linie, über die wir bei der Reiki-Lehre sprechen, angefangen bei Dr. Usui bis hin zu Phyllis Furumoto, ohne jegliche Bedeutung. Die spirituelle Tradition von Reiki findet erst dann ihre Berechtigung, wenn Reiki auch eine *»spirituelle Disziplin«* ist. Im Rahmen einer spirituellen Disziplin sind Begriffe wie innere Weisheit, das Lehren, Geben und Empfangen des Wissens von Reiki und die Achtung vor der überlieferten Tradition grundlegende Elemente, die nicht wegzudenken sind. Kontroversen, wie zum Beispiel die Frage des Geldes, der Stil, wie Reiki gelehrt wird, und nach welchem Prinzip Reiki-Meister eingeweiht werden, werden zu Fragen und Diskussionsgrundlagen, wo Verantwortung, innere Reife und Integrität eine sehr wichtige Rolle spielen – Qualitäten, die notwendiger Bestandteil von Reiki als einer spirituellen Disziplin sind.

Ohne Frage ist der Kontakt mit Reiki, der Prozeß des Gebens und Empfangens, eine Bereicherung im persönlichen Leben. Der Grund, Reiki zu lernen, kann also der Wunsch nach *persönlicher Entwicklung und innerem Wachstum* sein – ein weiterer Aspekt von Reiki, der in keinem Fall unterschätzt werden darf.

Und dann gibt es den vierten Aspekt – *»der mystische Orden«*. Darunter wird der Zusammenschluß einer Gruppe von Personen verstanden, die das innere Wissen und die Existenz einer mystischen Erfahrung anerkennen und ehren. Am besten kann dieser Vorgang verdeutlicht werden durch die traditionelle Zeremonie der Reiki-Initationen und die kraftvolle Heilerfahrung der Reiki-

Fernbehandlungen. Sowohl die Einweihungen als auch die Fernbehandlungen sind in ihrer Tiefe und Wirkung mit den heutigen menschlichen und wissenschaftlichen Methoden nicht vollständig zu erklären; demzufolge sind alle, die diesen spirituellen und mystischen Aspekt von Reiki für sich akzeptieren, ihn ehren und anerkennen, durch diese tiefgreifende Erfahrung auf ganz besondere Art und Weise zusammengeschlossen und verbunden in dem, was wir als »mystischen Orden« bezeichnen.

Das Usui-System der natürlichen Heilung ist das Geschenk eines Mannes, der das brennende Verlangen hatte, das Geheimnis von Heilung und damit sich selbst zu finden. Er widmete seine Zeit, sein Leben und seine Integrität dafür, sich auf die Antwort vorzubereiten. Das Geschenk von Reiki, das durch Dr. Usui, seine Entschlossenheit und Klarheit zu uns gekommen ist, hat unschätzbaren Wert. Du, liebe Leserin und lieber Leser, hast die Möglichkeit, durch einen der vier Aspekte mit Reiki in Berührung zu kommen und etwas über die universelle Lebensenergie, dich selbst und andere zu lernen. Wenn du Reiki in deinen Alltag integrierst und es als deinen Wegweiser für dein Leben annimmst, bin ich mir sicher, daß du dann alle vier Bereiche des Reiki-Rades Schritt für Schritt erfahren wirst und damit die Einheit von Reiki und dadurch deine Einheit und Vollständigkeit erkennst. Reiki wird dir den Weg der bedingungslosen Liebe und Vergebung zeigen.

## Kapitel 4

# Die Reiki-Lebensregeln, und wie du sie in deinem Alltag anwenden kannst

Die geistigen Lebensregeln von Reiki, wie Dr. Usui sie vor mehr als hundert Jahren aufgestellt hat, haben heute noch eine genauso tiefgründige Bedeutung wie damals. Es ist daher sehr wichtig, daß sie in jedem Fall im Laufe des Seminars zum ersten Reiki-Grad ausführlich vom Reiki-Meister erklärt und diskutiert werden. Den Schülern wird ans Herz gelegt, diese Reiki-Lebensregeln als praktische Grundlage in ihr Leben aufzunehmen und sie als Richtlinien in Zukunft aktiv in ihrem Alltag anzuwenden.

Du, liebe Leserin und lieber Leser, hast bestimmt Variationen dieser Lebensregeln gelesen oder gesehen, die im genauen Wortlaut voneinander abweichen. Da sie aus dem Englischen kommen, wurden sie von den Autoren unterschiedlich übersetzt und auch von Reiki-Meistern unterschiedlich ausgelegt, und das wiederum ist auf die Persönlichkeit des Autors und/oder des Reiki-Meisters, seine bisherige Erfahrung und sein spirituelles Glaubenssystem zurückzuführen.

Manche Menschen arbeiten mit Methoden wie zum Beispiel »positivem Denken« und Affirmationen und würden deshalb Worte wie »Ärger« – wegen seiner negativen Bedeutung – nicht benutzen, obwohl es in der ersten Lebensregel verwendet wird. Ich finde es aber wichtig, sich in Erinnerung zu rufen, daß die Reiki-Lebensregeln nicht als Affirmationen gedacht sind. Sie haben eine weitaus tiefgreifendere Bedeutung und dienen einem weitaus tiefgründigerem Zweck, was von der Tatsache herrührt, daß Reiki ein einzigartiges ganzheitliches System darstellt.

Die erste Reiki-Regel »*Gerade heute sorge dich nicht*« hat deshalb nicht einfach die Absicht, daß du deine Sorgen leugnest, sondern daß du sie anerkennst als das, was sie sind: Lektionen in deinem Leben. Übernimmst du erst einmal die Verantwortung für diese Sorgen als ein Gefühl, das du hast – egal, ob du es magst oder nicht – , dann ist es letztendlich viel leichter, sie loszulassen und eine Lösung für dein Problem zu finden. Vielleicht hilft es dir, wenn du dir klar machst, daß du nichts erreichst, wenn du dich über Dinge, die in der Vergangenheit passiert sind, grämst, denn die Vergangenheit ist vorbei. Ebenso wird es nicht hilfreich sein, dir über Dinge Gedanken zu machen, die in der Zukunft liegen und dich darüber zu sorgen. Diese Dinge liegen vor dir, und sie werden vielleicht nie so geschehen, wie du es dir ausmalst. Aus diesem Grunde also ist es am besten, sich auf die Gegenwart zu konzentrieren und in ihr zu leben.

Die zweite Lebensregel »*Gerade heute ärgere dich nicht*« kann in ähnlicher Art und Weise ausgelegt werden. Ärger sollte als ein Gefühl gesehen und anerkannt werden. Finde den Grund dafür heraus, und richte deine Aufmerksamkeit auf das, was den Ärger auslöst. Wenn du das getan hast, wird es dir leichter fallen, praktische Schritte zu unternehmen, um den Ärger loszulassen, anstatt ihn als eine Last mit dir herumzutragen, die dann eine unnötige Bürde und Be-Last-ung für dich sein wird.

»*Verdiene deinen Lebensunterhalt ehrlich*« hat eine viel tiefere Bedeutung, als es auf den ersten Blick scheint. Natürlich ist es wichtig, beim Erwerb deines Lebensunterhaltes und allgemein in deinem Alltag – im Hinblick auf Schule und Beruf, Familie, Freunde und andere Partnerschaften

– ehrlich zu sein. Aber es ist von ebenso großer Bedeutsamkeit, daß du ehrlich mit dir selbst bist. Ehre und respektiere die Verbindung mit deiner Intuition und deiner inneren Führung und damit letztendlich die Beziehung zu deinem Höheren Selbst. Ohne diesen Aspekt der Ehrlichkeit kannst du keine Achtung vor dir selbst haben, wirst dir selbst nichts wert sein und dich selbst nicht lieben.

Die vierte Lebensregel *»Ehre deine Lehrer, Eltern und die Älteren«* hat ebenfalls einen viel tieferen Hintergrund als ihre rein wörtliche Bedeutung. Diese Regel besagt, daß du dich dazu bekennst, jeden zu ehren und zu respektieren: junge und alte Menschen; Menschen, die du magst und die du nicht leiden kannst; Menschen, die dir nah sind und die, mit denen du dich nicht verbunden fühlst. Wir alle lehren uns gegenseitig, und ebenso lernen wir voneinander in jedem Moment, in dem wir uns begegnen und zusammentreffen. Wir sind immer gleichzeitig Lehrer und Schüler. In diesem Sinne ist alles im Leben ein Wachstums- und Reifungsprozeß, und wir lernen von allen Menschen, die unseren Lebensweg kreuzen. Erinnere dich daran, daß die unvergängliche und unwandelbare Botschaft von Reiki die der »bedingungslosen Liebe« ist.

Und nun kommen wir zu der letzten Reiki-Lebensregel: *»Zeige Dankbarkeit, und achte alles Leben«*. Dankbarkeit ist eine Eigenschaft, der leider in unserer modernen Gesellschaft oft nicht viel Beachtung beigemessen wird. Der kurze und einfache Satz »Ich danke dir« geht vielen Menschen nicht reibungslos über die Lippen. Dabei gibt es so viele Dinge im Leben, für die du dankbar sein kannst, und manchmal sind es die einfachsten und selbstverständlichsten Dinge im Leben, denen wenig oder gar keine Beachtung und Dankbarkeit geschenkt wird. Ganz selbstverständlich sind für uns zum Beispiel Gesundheit und Wohlbefinden, eine Vielfalt an Lebensmitteln, ein friedlicher Sonnenuntergang, Luft zum Atmen ... und vieles mehr. Dankbarkeit stellt eine Art und Weise dar, Liebe auszudrücken, die verbunden ist mit Achtung, und aus diesem Grund ist es angemessen, das Ende einer Reiki-Behandlung mit den folgenden Worten abzuschließen:

*»Ich danke für die Reiki-Energie!«*

## Kapitel 5

# Wie du Reiki lernst, und nach welchen Gesichtspunkten du deinen Reiki-Meister aussuchen solltest

Menschen, die sich für Reiki interessieren, kommen aus ganz unterschiedlichen sozialen Schichten und haben sehr verschiedene Lebensgewohnheiten und Lebenswege. Sie haben vielleicht eine akademische Laufbahn beschritten oder eine sehr einfache Berufsausbildung erhalten; es kann sein, daß sie schon sehr lange auf der Suche nach einem spirituellen Sinn im Leben sind, oder sie haben ihre Aufgabe und ihren Platz im Leben noch nicht gefunden. All das spielt keine Rolle, denn Reiki kennt keine Unterschiede – Reiki behandelt jeden auf die gleiche Art und Weise. Da Reiki hundertprozentig positiv ist und mit Liebe ohne Bedingungen gleichgesetzt werden kann, schließt es keinen aus. Niemand ist zu jung oder zu alt, um mit Reiki in Berührung zu kommen und es kennenzulernen. Keine Glaubensrichtung und kein persönlicher Hintergrund und Lebensweg kann die universelle Lebenenergie beeinträchtigen, und so ist es also eine gute Nachricht, daß jeder Reiki – die Kunst des Handauflegens – lernen kann.

Es gibt einige, die den Namen »Reiki« irgendwo gelesen haben und sich von dem Wort angezogen fühlten. Andere wiederum haben eine Behandlung bekommen und gemerkt, daß sie ihnen gut getan hat. Daraus ist dann der Wunsch entstanden, Reiki zu lernen und selbst Kanal zu werden für die universelle Lebensenergie. Manche haben ein Buch über Reiki gelesen und haben sich daraufhin entschlossen, an einem Seminar teilzunehmen. Und dann gibt es sogar solche, die ganz und gar nichts über Reiki wissen und sich plötzlich und ohne daß sie es bewußt geplant haben, zu einem Reiki-Seminar anmelden. Es ist ihnen nicht einmal klar, was sie an dieser Heilmethode so attraktiv finden.

Es ist ohne Bedeutung, warum du dich entschlossen hast, Reiki zu lernen. Du wirst dich zu dem Reiki-Meister hingezogen fühlen, der für dich angemessen ist. Bevor du jedoch deine endgültige Wahl triffst, schlage ich dir vor, daß du einige Informationen darüber einziehst, welcher spirituellen Linie er angehört, wie er ausgebildet wurde und welche Erfahrung er im Umgang mit Menschen mit sich bringt.

Sobald du dich für einen Reiki-Meister entschieden hast, fängt Reiki an, in dir zu wirken und etwas mit dir zu tun. Du bist auf den Reiki-Weg geführt worden, und Reiki hat dich auf den nächsten Schritt vorbereitet – die Reiki-Initiation zu erhalten, die dich zum Reiki-Heilungskanal machen wird.

## A. Die Initiation in Reiki

Das Wort »Initiation« löst in einigen Menschen Unbehagen aus. Es macht ihnen Angst oder der Begriff hat einen religiösen Beigeschmack. Aber ich frage mich, ob du die wirkliche Bedeutung kennst? »Initiation« kommt aus dem Lateinischen, und die ursprüngliche Übersetzung ist »Neubeginn«. Wenn du dich dafür entscheidest, ein Heilungskanal für die Reiki-Energie zu werden, kennzeichnet das den Entschluß, mit dir selbst, mit anderen und mit dem Planeten Erde in einer neuen Art und Weise umzugehen. Es ist eine grundlegende Entscheidung, egal ob du sie bewußt oder unbewußt getroffen hast. Die Initiation in Reiki ist ein Neuanfang und wird dein Leben verändern!

Einweihung oder Einstimmung sind zwei weitere Begriffe, die benutzt werden, um den Vorgang der Initiation zu beschreiben. Da Reiki an kein Glaubenssystem gebunden ist, kannst du es frei wählen, welcher Begriff für dich angemessen ist.

Die Einweihung wird vom Reiki-Meister in einer spirituellen Zeremonie vorgenommen, so wie sie vor vielen Jahren von Dr. Usui wiederentdeckt wurde. Der Reiki-Meister ist der Mittler zwischen dir und der universellen Lebensenergie und reinigt deinen Heilungskanal, wobei Blockaden gelöst und Gifte ausgeschieden werden. Nach dem Einweihungsprozeß ist dein Kanal offen, und die universelle Energie kann ungehindert durch dich fließen.

Wenn du die Reiki-Initiationen erhalten hast, ist dein Heilungskanal geöffnet für den Rest deines Lebens. Er kann von nun an nicht mehr blockiert werden. Wenn es dir allerdings passiert, daß du das Gefühl hast, die Reiki-Energie fließt nicht mehr, schlage ich dir vor und ermutige dich, mit der Selbstbehandlung so zu beginnen, wie du sie in deinem Reiki-Seminar gelernt hast. Sei auch offen dafür, wenn Freunde, Verwandte und Bekannte in deinem Umfeld Interesse an einer Reiki-Behandlung zeigen. Der Energiefluß wird dadurch angeregt, und wenn du dir oder anderen Behandlungen gibst, wird dein Selbstbewußtsein gestärkt.

Reiki-Schüler haben sehr unterschiedliche Erfahrungen, wenn sie die Einweihung in Reiki bekommen. Es gibt einige, die sehr tiefgreifende Erlebnisse haben; zum Beispiel sehen sie Farben oder fühlen, wie weißes Heil-Licht sie durchströmt, und es kann auch sein, daß sie die Gegenwart von anderen Wesen und Seelen spüren. Dann gibt es aber auch jene Schüler, die keine bestimmten Wahrnehmungen während der Initiation haben oder sich zumindest nicht daran erinnern können. Ungeachtet dessen, wie du die Initiation empfindest – wenn du überhaupt etwas empfindest –, es ist immer sichergestellt und garantiert, daß der Heilungskanal in dir geöffnet wird, wenn die Reiki-Initiationszeremonie durch den Reiki-Meister an dir vollzogen wird. Vergleiche deine Erlebnisse nicht mit denen der anderen Schüler, denn das kann für dich enttäuschend sein. Jegliche Erlebnisse im körperlichen, seelischen und geistigen Bereich, die du bei der Initiation erfährst, sind sicherlich für dich interessant, haben aber auf der anderen Seite keinen Einfluß darauf, wie gut du die Heilungsenergie in der Zukunft kanalisieren wirst. Es ist viel wichtiger für den Reiki-Fluß, daß du regelmäßig praktizierst – an dir selbst und anderen.

Einer meiner Reiki-Schülerinnen geschah etwas sehr Bedeutsames während der Einweihung, und ich finde, man kann es ein Wunder nennen:

*Es war ein warmer und sonniger Nachmittag, und es wehte eine leichte, sanfte Brise, so daß ich die Idee hatte, meine Schülerin draußen in der Natur in der Nähe eines kleinen Teiches einzuweihen. Sie setzte sich hin und legte ihre Brille unter den Stuhl. Ich muß dazu sagen, daß sie sehr starke Gläser trug und ohne die Brille absolut hilflos war. Sie schloß ihre Augen, und ich konnte mit der Initiation beginnen. Nachdem die Zeremonie beendet war, bat ich sie, ihre Augen aufzumachen und mir ein Zeichen zu geben, wenn sie sich bereit fühlte, zurück zum Haus zu gehen. Ich wartete ungefähr fünf Meter von ihr entfernt und beobachtete sie von der Seite. Sie öffnete ihre Augenlider ganz langsam und bewegte dann ihren Kopf von rechts nach links und wieder zurück. Dies wiederholte sich mehrere Male, und nach zehn*

*Minuten fragte ich sie erneut, ob sie bereit sei, zum Haus zurückzugehen, und ich erhielt immer noch keine Antwort. Ich weiß nicht, wie lange ich noch wartete – es kam mir zumindest sehr lange vor –, aber schließlich erhob sie sich und schaute mich mit einem sehr merkwürdigen Gesichtsausdruck an:*

*»Klaudia, als ich nach der Initiation meine Augen aufmachte, konnte ich im wahrsten Sinne des Wortes meinen Augen nicht trauen. Ich konnte alles sehen, winzige Wellen auf dem Wasser, Libellen, die über dem Schilf schwebten, die runzelige Rinde der Bäume und die Form der Blätter. Von jetzt an weiß ich, daß ich ohne meine Brille sehen kann.«*

*Der Zustand ihrer Augen verschlechterte sich schnell, und in ca. zwei Stunden brauchte sie ihre Brille so dringend wie eh und je. Aber es machte ihr keine Sorgen, denn sie wußte tief in ihrem Herzen: »Wenn der richtige Zeitpunkt kommt, werde ich ohne Brille sehen können.«*

Wenn die Zeremonie oder das Ritual der Reiki-Einweihung nicht genau eingehalten wird, bist du nicht in der Lage, die universelle Lebensenergie zu kanalisieren. Für das Usui-System der natürlichen Heilung ist der Prozeß der Einweihung ein wesentlicher Bestandteil. Erwähnenswert ist aber auch in diesem Zusammenhang, daß jeder einen natürlichen Heilungskanal hat, der aktiviert und neu belebt werden muß, um die Reiki-Energie fließen zu lassen. Wichtig ist auch zu wissen, daß, wenn du Reiki fließen läßt, nicht deine eigene, persönliche Energie benutzt.

*Reiki-Schülerin Sominetta berichtet von ihrer Erfahrung vor und nach der Teilnahme an einem Reiki-Seminar:*

*Schon als Kind machte ich die Erfahrung, daß ich etwas ganz Besonderes mit meinen Händen tun konnte. Wenn ich zum Bei-*

*spiel Pflanzen oder Tiere anfaßte, hatte ich das Gefühl, daß etwas, was ich mit meinem jetzigen Verständnis »Energie« nennen würde, durch meine Hände und durch meinen ganzen Körper floß.*

*Als ich erwachsen wurde, versuchte ich, genau diese Energie zu kanalisieren und gab Behandlungen. Das Resultat war oft, daß der Empfänger der Energie sich in einem Zustand der Entspannung und des Wohlbefindens befand, ich selbst mich aber erschöpft und ausgelaugt fühlte. Ich wollte immer mein Bestes geben und benutzte deshalb sowohl die universelle Lebensenergie als auch einen Teil meiner persönlichen Energie. Mein eigener Energiehaushalt war daher nach einer Behandlung oft sehr niedrig, wobei dem Empfänger der volle Nutzen zugute kam.*

*Lange dachte ich, daß es für mich nicht nötig sei, ein Reiki-Kanal zu werden. Als aber die Nachfrage größer wurde, Behandlungen von mir zu bekommen und ich zunehmend müder und erschöpfter wurde, beschloß ich mit großen Zweifeln, an einem Seminar zum ersten Reiki-Grad teilzunehmen. Mit Erstaunen stellte ich fest, wie sich in mir etwas veränderte. Ich bin jetzt in der Lage, eine Anzahl von Behandlungen jeden Tag zu geben, fühle mich nicht mehr ausgelaugt, sondern bin durch die Reiki-Heilkraft, die durch mich fließt, selbst erfrischt und belebt.*

## B. Der erste Reiki-Grad

Jeder kann zum Reiki-Kanal werden. Keine besonderen intellektuellen Fähigkeiten, keine medizinischen oder andere Vorkenntnisse sind erforderlich. Um Reiki zu kanalisieren, muß man keiner Religion angehören oder irgendeiner bestimmten Glaubensrichtung folgen.

Der erste Reiki-Grad ist im wesentlichen eine Technik des Handauflegens. Die Hände des Reiki-Kanals werden sanft in einer vorgeschlagenen Abfolge von Handpositionen auf bestimmte Körperteile des Empfängers gelegt. Um es für dich klarer zu machen, sind einige der Grundpositionen später im Buch durch Zeichnungen abgebildet. In einer vollständigen Reiki-Behandlung – auch Ganzkörperbehandlung genannt – wird der Vorderseite, dem Kopf, dem Rücken, den Beinen und den Füßen Reiki gegeben.

Im Seminar zum ersten Reiki-Grad wird den Schülern viel Gelegenheit gegeben, die Abfolge der Handpositionen unter der erfahrenen und sorgfältigen Aufsicht des Reiki-Meisters zu üben. Auf dem Programm stehen die Selbstbehandlung, die Ganzkörperbehandlung und die Kurzbehandlung. Außerdem werden die Schüler über die Ursache und Wirkung von Krankheiten und ihre metaphysischen Hintergründe informiert.

Ein wesentlicher Bestandteil in einem Seminar zum ersten Reiki-Grad, das an einem Wochenende (Sonnabend und Sonntag) abgehalten wird, ist die Geschichte von Reiki, wie sie von Dr. Usui wiederentdeckt wurde, wie Reiki im täglichen Leben angewandt wird und welche Erfahrungen jeder Schüler persönlich während des Seminars macht.

Im Seminar zum ersten Reiki-Grad vollzieht der Reiki-Meister vier Initiationen an jedem Schüler, wobei jeder Schüler in der Reiki-Zeremonie einzeln vom Meister eingeweiht wird. Die Initiationen bewirken eine Öffnung des Energie-Kanals, und der Energie-Kanal bleibt für den Rest des Lebens offen.

Die Techniken, die im ersten Reiki-Grad gelehrt werden, können für sich allein ausgeübt werden, und es gibt Tausende von Reiki-Schülern weltweit, die diese Methoden praktizieren. Viele Therapeuten, die im Gesundheitswesen tätig sind, wie zum Beispiel Ärzte, Krankenschwestern, Psychologen und Masseure, haben Reiki mit in ihre herkömmliche Methode einbezogen, da Reiki jedwede Technik, die sie bereits ausübten, wirksamer macht.

Nach einer gewissen Zeit kann es sein, daß du dein Wissen, welches du im ersten Reiki-Grad erworben und eine Zeitlang in deinem Leben praktiziert und angewandt hast, erweitern möchtest. Du fühlst dich bereit, Reiki auf einer tieferen Ebene zu erleben und mehr darüber zu lernen. Mein Vorschlag ist, daß du ungefähr drei Monate wartest, bevor du es näher in Erwägung ziehst, den zweiten Reiki-Grad zu machen. Es braucht immer eine gewisse Zeit – und die wiederum hängt von dem einzelnen Schüler ab –, die Erfahrung mit der Reiki-Energie »zu verdauen«, sie zu verarbeiten und ins tägliche Leben zu integrieren. Ich habe es oft erlebt, daß Schüler die Auswirkungen der Reiki-Initiationen unterschätzt haben, sowohl auf der körperlichen, seelischen und geistigen Ebene als auch im spirituellen Bereich. Laß dir Zeit, wachse mit der Reiki-Energie, und nimm Reiki als deinen Lehrer an. Es gibt keinen Grund, warum du den zweiten Grad voreilig machen mußt. Wenn du ihn zu früh machst, das heißt, wenn du noch nicht wirklich bereit dazu bist, entgeht dir eine sehr befriedigende und kraftvolle Erfahrung von all den Dingen, die dir im ersten Grad zu lernen angeboten wurden.

Bitte sei dir bewußt, daß es keinen »richtigen« und keinen »falschen« Weg gibt. Nur du, ein Schüler von Reiki, dem Usui-System der natürlichen Heilung, weiß, wann der Zeitpunkt gekommen ist, um am zweiten Reiki-Grad teilzunehmen.

Natürlich gibt es auch Ausnahmen, die die Regel bestätigen. Wenn jemand sehr krank ist, vielleicht sogar dem Tode nah, dann sind die Techniken, die im zweiten Grad gelehrt werden, sehr viel kraftvoller und bieten deswegen mehr Unterstützungsmöglichkeiten zur Selbstheilung an. Wenn du dich also in solch einer Situation befindest, kann das ein ernsthaftes und aufrichtiges Motiv sein, den zweiten Reiki-Grad relativ schnell zu machen.

Wenn du in dieser Frage unsicher bist, scheint es mir am besten, daß du in deinem Herzen nachforschst, was deine Motive sind, am zweiten Reiki-Grad teilzunehmen. Ganz tief in dir wirst du die Antwort finden, ob du den richtigen Zeitpunkt und die richtigen Motive gewählt hast. Vertraue darauf, daß Reiki dich leitet.

Ein Gespräch mit einem Reiki-Meister wird dir auch dienlich sein.

## C. Der zweite Reiki-Grad

In der japanischen Sprache heißt der zweite Grad (auch fortgeschrittenes Reiki-Training genannt) *Oku Den*, was soviel bedeutet wie »die weitere innere Erforschung deiner selbst«.

Die Beschreibung dessen, was im zweiten Grad passiert, ist sehr präzis, denn der Schüler hat die Gelegenheit, sich seiner selbst mehr gewahr zu werden, und er erreicht ein höheres Bewußtsein auf allen Ebenen. Die Hauptaufmerksamkeit wird dabei auf drei praktische Aspekte, wie Reiki angewandt werden kann, gelenkt:

– Die erste Technik, die gelehrt wird, zeigt dir, wie du die Reiki-Energie in bestimmten Situationen und Gelegenheiten sehr kraftvoll verstärken kannst.

– Die zweite Technik wird mentale oder tiefgreifend seelische Behandlung oder Heilung genannt. Geistbehandlung und tiefgreifend seelische Behandlung sind zwei Begriffe, welche dieselbe Technik beschreiben. Diese Art der Reiki-Behandlung wirkt auf das Unterbewußtsein eines Menschen, wo sich sein inneres Wissen und seine

Weisheit befinden. Dort liegt auch seine Fähigkeit, seinen spirituellen Weg im Leben zu erkennen und ihm zu folgen. Während dieses Prozesses ist es möglich und sehr wahrscheinlich, daß Informationen jeglicher Art, Gedanken und Gefühle an die Oberfläche kommen, die – wenn sie einmal hochgekommen sind –, verarbeitet und in dein Leben integriert werden können. Wenn du dir diese Technik nutzbar machst, kannst du zum Beispiel alte Verhaltensmuster, Suchtneigungen und unerwünschte Eigenschaften bearbeiten und loslassen, und diese Erfahrung wird dein Leben grundlegend verändern.

– Die dritte und letzte Technik ist unter dem Namen Fernheilung oder Fernbehandlung bekannt, und für viele Schüler ist das der aufregendste und herausforderndste Teil des zweiten Grades. Du wirst in der Lage sein, Reiki zu einer Person, einer Gruppe von Menschen oder einer Situation zu senden, und es spielt dabei keine Rolle, wie weit das Empfangsobjekt räumlich von dir entfernt ist, denn Begriffe wie Zeit und Raum verlieren bei dieser Technik ihre wörtliche Bedeutung. Unter bestimmten Voraussetzungen ist es sogar möglich – wenn deine Motive aufrichtig und ehrlich sind –, die Reiki-Fernbehandlung bei Menschen anzuwenden, die gestorben sind.

Alle Techniken, die im zweiten Grad gelehrt werden, kannst du sowohl bei dir selbst als auch bei anderen (Menschen, Tieren, Pflanzen, Situationen) zu Heilungszwecken anwenden.

Der zweite Grad wird normalerweise an einem Wochenende gelehrt: Freitagabend, Samstag und Sonntag. Die Schüler haben viel Zeit, miteinander zu üben und sich ihre eigenen seelischen Blockaden und jegliche persönlichen Probleme anzugucken, daran zu arbeiten und sie loszulassen, wenn es angemessen ist. Der Reiki-Meister steht allen dabei hilfreich zur Seite. In einer weiteren Initiation wird der Schüler auf Symbole eingestimmt – Symbole, die von Dr. Usui wiederentdeckt und an die Reiki-Meister der Gegenwart weitergegeben wurden. Vielleicht hilft es dir, wenn du dir vorstellst, daß diese Symbole wie ein Werkzeug funktionieren, das es dir möglich macht, die drei Techniken wirkungsvoll einzusetzen. Die Symbole sind heilig und werden daher vertraulich behandelt. Außer zu Übungszwecken verpflichtet sich der Schüler, die Symbole nicht niederzuschreiben, sondern sie im Gedächnis zu behalten und sich an sie zu erinnern, wann immer er sie zu Heilungszwecken einsetzen möchte. Ohne die Einweihung in den zweiten Reiki-Grad haben die Symbole keine Bedeutung und Kraft, das heißt, der Schüler muß also die Initiation vom Reiki-Meister erhalten, damit die Symbole – wenn sie benutzt werden – ihre Funktion und Heilkraft entwickeln können.

Die Initiation in den zweiten Reiki-Grad gewährleistet einen sehr viel stärkeren Energiefluß. Der Schüler hat Zugang zu mehr universeller Lebensenergie. Du kannst es dir praktisch so vorstellen, als wenn der Kanal für die Heilungsenergie einen viel größeren Durchmesser hat.

Die Entscheidung, den zweiten Reiki-Grad zu machen, zeigt deine Bereitwilligkeit, die volle Verantwortung für dein Leben zu übernehmen und alle Entscheidungen besonnen und überlegt zu deinem Nutzen und dem der gesamten Menschheit zu fällen. Integrität, Verantwortlichkeit und Reife sind Eigenschaften, die von einem Reiki-Schüler des zweiten Grades gewünscht, wenn nicht gar gefordert, werden.

Ich werde den ersten und zweiten Reiki-Grad in einem Beispiel noch einmal kurz zusammenfassen:

Wenn du die Initiationen für den ersten Grad bekommst, ist es so, als wenn du in die Sonne guckst und deine Sonnenbrille auf hast. Nachdem du jedoch in den zweiten Grad eingeweiht worden bist, schaust du in das grelle Sonnenlicht und trägst keine Sonnenbrille mehr. Das Licht ist sehr hell, und es tut dir fast weh, da deine Augen an so viel Licht nicht gewöhnt sind. Außerdem dauert es einige Zeit, bis du überhaupt in der Lage bist, deine Augen ganz zu öffnen und um dich zu schauen. Genauso ist es mit der Reiki-Energie – dem Licht, das in dir scheint und durch dich fließt. Es braucht seine Zeit, bis du dich an diese Energie – das Licht in dir – gewöhnst und an die neue Ebene deines Heilungskanals anpaßt. Laß dir Zeit, und sei nicht ungeduldig mit dir.

*Ein Ratschlag, den ich dir mit auf den Weg geben möchte:*
In den vorherigen Abschnitten habe ich die Gründe aufgezeigt, warum sowohl der erste als auch der zweite Reiki-Grad jeweils an einem Wochenende gelehrt werden. Wenn du dich entschließt, Reiki zu lernen, lege ich dir sehr ans Herz, nicht einen Reiki-Meister zu wählen, der die Reiki-Seminare nur an einem Tag abhält, denn das würde dir und deinem Reiki-Training ganz und gar nicht gerecht werden. Ich finde es auch sehr wichtig, das beim ersten Grad die Initiationen auf zwei Tage verteilt werden; zwei Initiationen am Samstag und zwei am Sonntag. Besonders zwischen der ersten und zweiten Initiation ist ein Zeitraum von mehreren Stunden empfehlenswert, denn die Zeitspanne zwischen den Einweihungen gewährleistet, daß du dich an dein neues Energiesystem ohne Probleme gewöhnen kannst. Abraten möchte ich dir in jedem Fall, den ersten und zweiten Grad an einem Wochenende zu machen.

Wenn du es irgendwo siehst, daß Reiki-Seminare zu

sehr billigen Preisen angeboten werden, schlage ich vor, daß du genau hinterfragst, was für ein Reiki-Training du für dein Geld bekommst.

### D. Weiterführendes Reiki-Training
(Reiki-Intensiv-Seminar)

Ich lehre Reiki jetzt seit zehn Jahren und bin zu der Überzeugung gekommen, daß ein großer Bedarf darin besteht, ein tieferes Verständnis von Reiki zu erhalten. Obwohl Schüler den ersten und zweiten Grad gemacht haben, möchten sie mehr über Reiki lernen, zum Beispiel, wie man es intensiver ins tägliche Leben integrieren oder wie man Reiki mit anderen Therapieformen kombinieren kann, und einige Reiki-Schüler möchten auch den Weg der Reiki-Meisterschaft erforschen. Über einen Zeitraum von mehreren Jahren habe ich ein einwöchiges Reiki-Programm entwickelt – eine intensive Zeit in einer Gruppe von Gleichgesinnten, wo Reiki im Mittelpunkt steht. Egal, welche Motivation du hast, an der Reiki-Intensiv-Woche teilzunehmen, sie wird dazu beitragen, deine Beziehung zu Reiki, zu anderen Menschen und zu dir selbst zu klären. Manche Schüler möchten eine Reiki-Praxis aufmachen und kommen, um Ratschläge und Ideen zu sammeln, wobei es auch diejenigen gibt, die einfach nur die Gegenwart und Nähe von anderen Reiki-Schülern genießen wollen.

Meine Schüler arbeiten mit Meditation, Phantasiereisen, Reiki-Chakren-Ausgleich, Träumen, Körperarbeit, mit dem Gedankengut des »Kurs in Wundern« und verschiedenen Techniken, die ihnen helfen, Reiki zum festen Bestandteil ihres Lebens zu machen.

Am liebsten halte ich die Intensiv-Woche in einer abgeschiedenen Umgebung ab, so daß äußere Einflüße, wie zum Beispiel Autoverkehr, Nachbarn, Stadtgeräusche usw., nicht ablenken und stören können. Reiki ist eine natürliche Heilmethode und hat für mich deshalb viel mit Natur zu tun, so daß ich einen Ort vorziehe, wo es Wald gibt, Gärten, Vogelgezwitscher und saubere Luft.

## E. Wie werde ich Reiki-Meister

Ein Reiki-Meister hat die Entscheidung getroffen, Reiki als seinen Lehrmeister im Leben anzuerkennen. Diese Meisterschaft kann äußerlich sehr unterschiedlich aussehen, denn der Weg eines jeden Reiki-Meisters ist einzigartig und von Person zu Person ganz verschieden. Niemand ist davon ausgeschlossen, Reiki-Meister zu werden, sofern er sich zu der Verpflichtung bekennt, mit Reiki sein Leben zu meistern und Reiki zu lehren. Die Ausbildung zur Reiki-Meisterschaft sehe ich wie eine Lehrlingszeit an. Nachdem der Schüler den ersten und zweiten Grad gemacht hat, empfehle ich, die Intensiv-Woche mitzumachen. Darin klären sich viele Fragen, und der Schüler bekommt einen tiefen Einblick in das, was von einem Reiki-Meister gefordert wird. Oft dauert es dann aber noch Wochen oder Monate, bis dieser Klärungsprozeß abgeschloßen ist und eine Entscheidung gefällt wird. Ich möchte das Beispiel einer Reiki-Meisterin anführen, die ich am 30. April 1991 zur Reiki-Meisterin eingeweiht habe. Hier sind ihre eigenen Worte:

*Meine Reiki-Meisterin-Geschichte (Simone Bressau)*

*Mein erster Kontakt mit Reiki war eine Urkunde an der Wand, die meine Blicke immer wieder anzog. Ich spürte ein Kribbeln in mir und wollte mehr darüber erfahren, und so bekam ich meine erste Reiki-Behandlung. Schon nach einigen Minuten des Reiki-*

*Empfangens wurde mir klar, daß dies die Form der Energieübertragung war, nach der ich schon viele Jahre gesucht hatte.*

*Durch die Einweihung in den ersten und zweiten Grad veränderte sich mein Kontakt zu mir selbst. Ich entdeckte tiefes Vertrauen, Liebe und Mut in mir. Immer mehr spürte ich auch, was mein Köprer mir sagte; es war wie ein Gefühl, in mir meinen Weg nach Hause gefunden zu haben. Durch Reiki bekam ich die Kraft, Wachstumsprozesse, die mit Schmerzen, Tränen und auch Fröhlichkeit verbunden waren, anzuschauen.*

*Alles in mir wurde tiefer, auch die Begegnung mit anderen Menschen. Ich begann, die mir gegenüberstehende Person in ihrer Ganzheit zu sehen und erkannte das innere Licht der Liebe in ihr.*

*Meine Erlebnisse mit Tieren und der Natur wurden intensiver, und ich erfuhr wundervolle Glücksmomente, die ich mit Worten nicht beschreiben kann.*

*Nachdem ich einige Jahre Erfahrungen mit dieser grenzenlosen Energie »Reiki« gesammelt hatte, kam ich an einen Punkt, der mich auf die Suche nach meiner Berufung in meinem Leben schickte, und so begab ich mich auf eine lange Reise um die ganze Welt. Die völlige Aufgabe all meiner Vorstellungen und Erwartungen, was diese Berufung sein könnte, führte mich nach Australien, und ich landete wortwörtlich vor Klaudias Tür.*

*Es war bestimmt kein Zufall, daß gerade eine Reiki-Intensiv-Woche anfangen sollte und noch ein Platz frei war. Diese Woche gab mir den inneren Kick und öffnete die Tür, meinen Weg als Reiki-Meisterin anzunehmen. Nach einer lehrreichen Zeit mit Klaudia und Peter bin ich voller Dankbarkeit für das, was ich durch unsere gemeinsame Verbindung erleben konnte.*

*Das Geschenk, viele unterschiedliche Menschen auf ihrem Lebensweg zu begleiten und das Funkeln in ihren Augen nach den Reiki-Einweihungen zu sehen, bedeutet mir mehr als tausend Worte. Jeden Tag fühle ich die Einfachheit des Händeauflegens als Meditation und die Weisheit der Tiefe, die dadurch entsteht.*

*Voller Vorfreude sehe ich den noch kommenden Erlebnissen mit Reiki entgegen.*

# Teil 2

# Die Praxis von Reiki

## Kapitel 6

# Wie wirkt die Reiki-Energie?

Reiki ist eine Heilmethode, bei der universelle Lebensenergie durch das Handauflegen weitergeleitet wird. Mir ist ein Beispiel bekannt, wo ein junger Mann, der in seiner körperlichen Bewegungsfreiheit sehr eingeschränkt war, zum Reiki-Kanal eingeweiht wurde. Seine Behinderung bestand darin, daß er keine Arme hatte und deshalb alle Tätigkeiten mit seinen Füßen ausführen mußte. Er schrieb und aß mit den Füßen und lernte es folglich, Reiki mit den Fußsohlen zu geben.

Die Person, die Reiki gibt, nenne ich Reiki-Kanal, Reiki-Schüler, Reiki-Therapeut oder Reiki-Praktizierender, während die Person, welche die Behandlung empfängt, als Freund oder Partner bezeichnet wird. Wenn ich diese Terminologie benutze, wird deutlich, daß keine Hierarchie besteht zwischen dem, der Reiki gibt und dem, der es empfängt. Beide befinden sich sozusagen auf einer Ebene.

Reiki ist eine Energie, die zur Selbstheilung dient, und deshalb bezeichne ich mich selbst nicht als Reiki-Heilerin. Ich sehe mich als einen Kanal an, durch den die Reiki-Heilkraft fließt, und nur der Empfänger bestimmt die Menge der Energie, die durch mich strömt, nicht ich. Mein Partner nutzt die Heilkraft dann, um seinen Prozeß der Selbstheilung einzuleiten.

Ich finde es wichtig, sich noch einmal ganz klar zu machen, daß du nicht deine eigene, persönliche Energie benutzt, da du ja nur als Katalysator fungierst. Auf diese Art und Weise ist sichergestellt, daß du beim Reiki-Geben nicht müde und erschöpft wirst – im Gegenteil, wenn Reiki zuerst durch dich strömt, nutzt du die Heilenergie für deine Selbstheilung, und dein Partner nimmt sich gleichzeitig so viel, wie er für seine Selbstheilung braucht. Vergiß nicht, daß immer genug Reiki-Energie vorhanden ist, um die Bedürfnisse von euch beiden zu befriedigen – ihr habt beide den Nutzen der Heilkraft. Du hast keine Kontrolle über die Menge des Reiki-Flusses und kannst deshalb die Energieübertragung nicht beeinflussen oder begrenzen. Praktisch ausgedrückt bedeutet das, daß du jemandem, den du liebst, nicht mehr Reiki geben kannst als jemandem, den du nicht so gerne magst!

Ich stelle mir vor, daß die Energie in mein Kronenchakra hineinströmt, durch meinen Körper fließt und dann aus meinen Händen herauskommt. Wenn ich meine Hände sanft auf den Körper meines Partners lege, bewege ich sie nicht – wie es zum Beispiel bei der Massage getan wird – und übe auch keinen Druck aus. Das natürliche Gewicht meiner Arme und Hände stellt den richtigen Kontakt zum Körper meines Partners her; dieser Kontakt ist weder zu leicht noch zu stark, und wenn du Reiki praktizierst, wirst du das angemessene Maß finden. Bei empfindlichen Körperteilen, wie beispielsweise dem Gesicht, sei dir bewußt, daß du auch wirklich keinen Druck ausübst.

Wenn dein Partner eine Hautkrankheit oder sich zum Beispiel verbrannt hat, wenn er in einem Bereich starke Schmerzen hat oder aus irgendeinem Grund nicht berührt werden möchte, kannst du deine Hände in einem Abstand von ein bis zwei Zentimetern über diesem bestimmten Bereich halten. Die Wirkung von Reiki ist genauso, als wenn du Körperkontakt hast.

Um den Reiki-Energiefluß zu fühlen, hast du kein spezielles Sinnesorgan. Um das zu verdeutlichen, gebe ich dir ein Beispiel. Zwar hast du Augen, um zu sehen; eine Nase zum Riechen; Geschmacksknospen zum Schmecken; Ohren, um zu hören und ein Tastorgan, um körperliche Empfindungen wahrzunehmen, aber du hast kein zusätzliches Sinnesorgan für Reiki. Um die Erfahrung von Reiki zu machen, es zu fühlen und seine Wirkung zu spüren, wirst du deshalb entweder eines oder mehrere deiner vorhandenen »normalen« Sinnesorgane benutzen.

Jeder wird Reiki anders erfahren, egal, ob es gegeben oder empfangen wird. Manche Schüler sehen Farben oder Bilder vor ihrem inneren Auge, und bei anderen läuft die Erfahrung mehr über den Gehörsinn ab. Die Empfindungen, die allerdings am häufigsten auftreten, sind Wärme, manchmal sogar starke Hitze und in seltenen Fällen Kälte. Es kann auch sein, daß Reiki sich wie Kitzeln, Pulsieren oder Pochen in deinen Händen, Beinen oder im ganzen Körper anfühlt. Oft kommt es auch vor, daß der Reiki-Geber etwas anderes empfindet als der, welcher Reiki bekommt; bei einem taucht ein Hitzegefühl auf, während der andere Kühle spürt.

*Früher hatte ich oft starke Schmerzen, wenn ich meine Regel bekam. Mein Unterleib war innerlich wund, und Rückenschmerzen hatte ich auch, so daß ich einen Freund fragte, ob er mir Reiki geben könnte. Er legte beide Hände auf meinen Bauch, etwas höher als das Schambein. Nach etwa fünf Minuten bat ich ihn jedoch, mit dem Reiki aufzuhören. »Ich glaube, ich nehme mir lieber eine Wärmflasche, denn deine eiskalten Hände tun mir überhaupt nicht gut.« Lachend protestierte er und sagte: »Meine Hände sind ganz warm, fühl doch mal.« Und tatsächlich, als ich seine Hände anfaßte, waren sie nicht nur warm, sondern sehr heiß. Ich überlegte es mir noch einmal und ließ es auf einen weiteren Versuch ankommen. Wieder empfand ich seine*

*Hände als sehr kalt, aber nach einigen Minuten veränderte sich dies, und es entwickelte sich das Gefühl, als wenn ein Eisblock zu schmelzen anfängt. Am Ende der etwa viertelstündigen Behandlung blieb die äußerst angenehme Empfindung zurück, als wenn ich in einem warmen Bad liegen würde.*

Als Zusammenfassung möchte ich betonen, daß Reiki immer fließt und es keine Rolle spielt, ob du beim Behandeln oder Behandeltwerden irgend etwas spürst.

Für eine Reiki-Behandlung brauchst du dich nicht auszuziehen, denn Reiki geht durch jegliches Material hindurch – Stoff, Leder, Gummi, Plastik, Holz, Bandagen, Gipsverband und sogar Metall.

Reiki ist für mich eine intelligente Energie. Obwohl ich eine bestimmte Abfolge von Handpositionen anwende, bin ich mir darüber bewußt, daß Reiki dorthin fließt, wo das Problem ist oder wo es am meisten gebraucht wird für den Selbstheilungsvorgang. Wenn du Reiki gibst, kannst sowohl du als auch dein Partner die Energie nicht willentlich und bewußt zu bestimmten Körperteilen lenken. Es ist eher so, daß dein Partner unbewußt weiß, wohin die Energie fließen soll, so daß der Ursprung des Problems angegangen werden kann.

Reiki kann zu jeder Tages- und Nachtzeit gegeben werden und unter allen nur erdenklichen Umständen. Das ist für mich ein unschätzbarer Vorteil dieser universellen Lebensenergie.

In der Tradition von Reiki gibt es eine Abfolge von Handpositionen, die sich als nützlich erwiesen hat: die Vorderseite, der Kopf, der Rücken, die Beine und die Füße. Auf der körperlichen Ebene fließt die Heilkraft in das endokrine Drüsensystem, und auf der energetischen Ebene werden die sieben Hauptchakren behandelt, die sich auf der Mittellinie des Körpers befinden. Außerdem hast du auch die Möglichkeit, deine Hände überall dorthin zu legen, wo dein Partner vielleicht Schmerzen hat – wenn du diesen Bereich nicht sowieso schon durch die Grundpositionen abgedeckt hast.

Reiki wirkt nicht wie ein »alternatives Aspirin«, das nur den Schmerz wegnimmt. Die Reiki-Heilkraft wirkt sich immer sowohl auf das Symptom als auch seinen Ursprung aus. Ich möchte dir gerne ein praktischen Beispiel dafür geben: Vielleicht leidest du oft an Kopfschmerzen. Deine Kopfschmerzen sind das Symptom, welches sich in deinem Körper manifestiert hat. Der eigentliche Grund für deine Beschwerden kann jedoch ganz woanders herrühren, zum Beispiel von einem Problem mit deinen Augen, oder vielleicht bist du mit deiner Arbeit nicht zufrieden. In diesem Falle wäre die Ursache der Kopfschmerzen eher seelisch bedingt. Es kann aber auch sein, daß du Kopfschmerzen hast, weil mit deinem Verdauungssystem irgend etwas nicht stimmt und dein Körper nicht genügend entgiftet wird. Was auch immer zu deinen Kopfschmerzen geführt hat, mit der Hilfe von Reiki wirst du erkennen, wo die eigentliche Ursache für dein Problem liegt. Hast du erst einmal die Ursache erkannt, ist dir die Möglichkeit gegeben, etwas daran zu tun, wenn du es willst. Reiki ermutigt dich, die Verantwortung für dein Leben zu übernehmen und deinen Lebensweg so zu gestalten, daß du Freude, Gesundheit und inneren Frieden erfährst.

Einen Punkt möchte ich noch besonders hervorheben. Reiki braucht nicht unbedingt eine Tiefenwirkung zu haben, wie ich sie eben besprochen habe. Reiki ist auch wunderbar, wenn du dich einfach nur entspannen willst! Du brauchst dir keine Probleme zu schaffen und unter Symptomen zu leiden, um eine Reiki-Behandlung zu bekommen. Und du brauchst auch keine Entschuldigungen und Ausreden, um jeden Tag in deinem Leben Reiki anzuwenden.

Denke daran, daß du deine Reiki-Hände immer bei dir hast – warum benutzt du sie also nicht?!

## Kapitel 7

# A. Die Reiki-Selbstbehandlung

Wenn der Schüler sich in Reiki hat einweihen lassen, ist sein Energie-Kanal immer durchlässig, und die Heilkraft kann somit frei und ungehindert durch ihn fließen. Der neu eingeweihte Reiki-Schüler ist nun in der Lage, Reiki sich selbst, anderen Menschen, Tieren und Pflanzen zu geben. Manche Schüler wenden die Selbstbehandlung an, um ihre Gesundheit und ihr Wohlbefinden zu steigern, zu innerem Frieden zu gelangen oder einen Zustand von tiefer Entspannung zu erreichen. Sie sind vielleicht nicht daran interessiert, anderen Reiki zu geben. Es geschieht allerdings häufig, daß die eigentliche Absicht am Anfang war, Reiki nur sich selbst zu geben; doch im Laufe der Zeit verändert sich die Motivation, und der Schüler hat das innere Bedürfnis, Reiki mit anderen zu teilen und Behandlungen zu geben. Es spielt keine Rolle, was du anfänglich mit Reiki machen wolltest; jegliche Motivation, Reiki zu Heilungszwecken zu nutzen, ist gut und richtig. Aber du solltest immer auf deine innere Stimme hören und es dir zubilligen, Reiki so anzuwenden und in deinen Alltag zu integrieren, wie es sich gerade richtig für dich anfühlt. Erlaube es dir, mit Reiki zu fließen und zu wachsen, je nachdem, was dein Leben dir an Lernlektionen bereithält.

Die Selbstbehandlung spielt wahrlich eine wichtige Rolle dabei, wie gesund du bist und wie gut du dich fühlst; deswegen schlage ich dir vor, daß du dich regelmäßig selbst behandelst, denn das ist so, als wenn du deine Lebensbatterie ständig neu auffüllst. Du wirst dein kör-

Selbstbehandlung. Erste Alternative: im Liegen.

Selbstbehandlung. Zweite Alternative:
im Sitzen, Arme und Hände werden hochgehalten.

Selbstbehandlung. Dritte Alternative:
im Sitzen, Ellbogen sind auf den Knien aufgestützt.

Selbstbehandlung. Zweite Position,
Hände über den Ohren/Schläfen.

perliches Wohlbefinden verbessern, und seelisch wirst du harmonischer und ausgeglichener sein. Du lernst durch die Selbstbehandlung auch, dir selbst etwas Gutes zu tun, das heißt, dich selbst zu lieben. Für viele Menschen ist diese Erfahrung einzigartig und überwältigend, da sie es nicht für wichtig halten, auf sich selbst zu achten, sich zu nähren, zu hegen und zu pflegen.

Die Selbstbehandlung ist auch ein sehr hilfreiches Mittel, um mit deinem inneren Wissen in Verbindung zu kommen. Wenn du dir selbst Reiki gibst, verbindest du dich mit deiner inneren Weisheit. Dieser Teil in dir ist vollständig, heil und heilig. Du wirst dort sowohl Antworten finden auf Fragen, die du im Alltag hast, als auch die Lösung für Probleme, die dich schon lange belasten und in deiner Lebensqualität einschränken. Die Selbstbehandlung kann zu einem Leitfaden auf deinem spirituellen Weg werden.

Obwohl es einen von mir vorgeschlagenen Ablauf von Handpositionen gibt, wirst du mit mehr Praxis deine Intuition entwickeln und anfangen, mehr auf sie zu hören. Dies mag dazu führen, daß daraus deine eigene Abfolge von Handpositionen entsteht, und das ist dann vollkommen richtig.

Du kannst dir die Selbstbehandlung entweder auf einem Stuhl oder in einem Sessel sitzend geben; vielleicht ist es für dich auch bequemer, wenn du dich auf den Boden oder dein Bett legst.

Die Zeichnungen auf Seite 62/63 zeigen dir drei verschiedene Möglichkeiten, wie du die erste Handposition der Selbstbehandlung machen kannst. Es werden damit die Augen, die Stirn und die Nasennebenhöhlen behandelt. Wähle die Möglichkeit – sitzend oder liegend –, die dir am bequemsten und den Umständen angemessen ist, und fahre dann mit den anderen Positionen fort.

Die zweite Handposition, die den Bereich der Ohren und Schläfen behandelt, folgt immer als nächster Schritt, egal, welche Möglichkeit du dir für die erste Handposition ausgesucht hast. Wenn du die Behandlung des Kopfes abgeschlossen hast, wirst du anfangen, deiner Vorderseite Reiki zu geben. Schau dir dazu die abgebildeten Zeichnungen auf Seite 66/67 an.

*Einige grundsätzliche Ratschläge zum Reiki-Geben:*
Halte deine Finger zusammen, so daß die Energie konzentriert aus deiner ganzen Hand herausfließt, und lege deine Hände sanft auf verschiedene Teile deines Körpers. Der Kontakt sollte locker und entspannt sein; achte darauf, daß deine Arme und Schultern nicht angespannt sind, während du die Reiki-Energie kanalisierst. Die durchschnittliche Zeit für jede Handposition ist drei bis fünf Minuten. Du kannst aber auch die Dauer verlängern, wenn du meinst, daß dir eine bestimmte Position besonders gut tut.

Möglicherweise findest du, daß fünfundzwanzig bis dreißig Minuten Reiki-Selbstbehandlung eine sehr lange Zeit sind, und vielleicht denkst du sogar, daß es eine Zeitverschwendung ist. Das stimmt aber ganz und gar nicht! Aus meiner eigenen Erfahrung heraus möchte ich dich wirklich ermutigen, diese Disziplin einzuhalten, denn das ist es bestimmt wert.

Die Grundpositionen für die Selbstbehandlung sind auf den folgenden Seiten abgebildet und sollen als Richtlinien für dich gelten. Bitte beachte aber auch die folgenden Punkte bei der Selbstbehandlung:

1. In den ersten Tagen oder Wochen, nachdem du in den ersten Grad eingeweiht worden bist, folge dem Ablauf der vorgeschlagenen Handpositionen genau. Wenn du aber

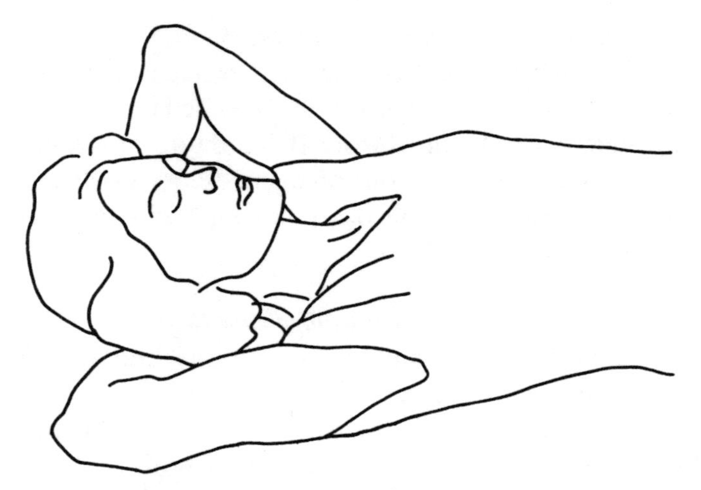

Selbstbehandlung. Dritte Position, im Liegen.

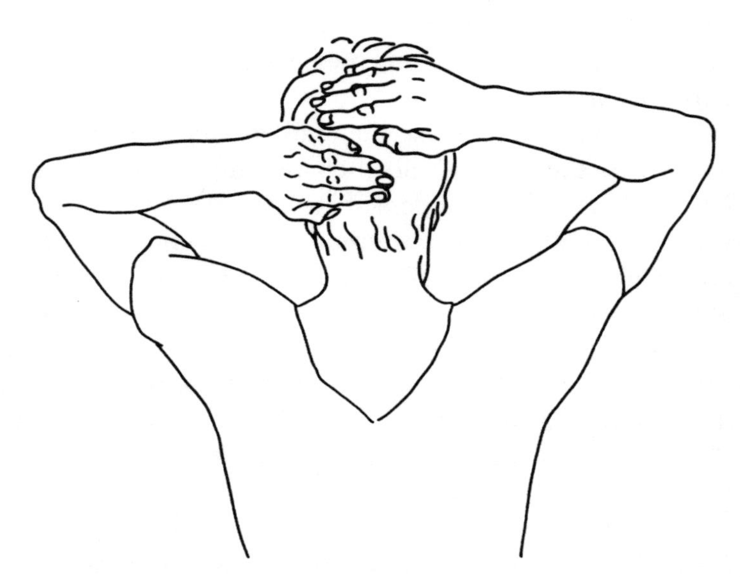

Selbstbehandlung. Dritte Position, im Sitzen oder Stehen.

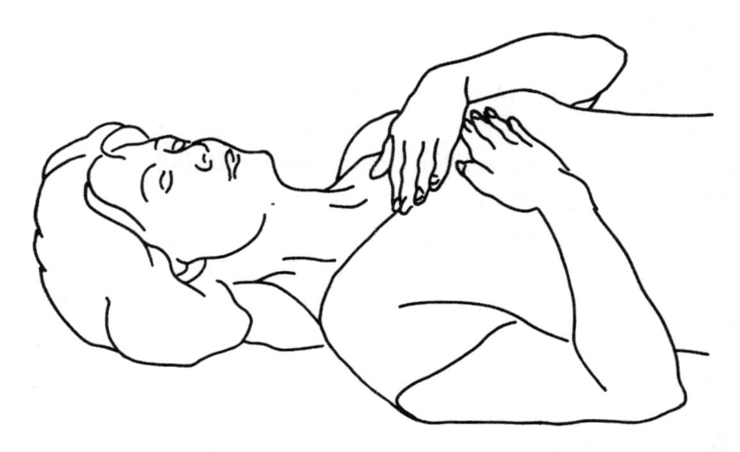

**Selbstbehandlung. Vierte Position, Hände über dem Herz-Zentrum.**

erst einmal mit ihnen vertraut und auf einer tieferen Ebene mehr mit dir und deinen Bedürfnissen in Kontakt bist, wirst du vielleicht das Gefühl bekommen, daß du die Reihenfolge verändern oder Extra-Positionen einfügen möchtest. Wenn dir deine Intuition dies sagt, ist es wichtig, ihr zu folgen. Reiki wird dir zeigen, wohin du deine Hände zu legen hast – vertraue auf die Führung und Heilkraft von Reiki.

2. Behandle dich spontan mit Reiki während des Tages. Zum Beispiel kannst du dir Reiki geben, wenn du im Bus sitzt, wenn du ein Telefonat führst, wenn du dich mit jemandem unterhältst oder wenn du einen Brief schreibst. Eine Hand oder beide Hände – je nachdem, was den Umständen angemessen ist – liegen entspannt auf deinem Sonnengeflecht, und so wirst du von dem ständigen Reiki-Fluß profitieren.

3. Bist du jemals in einer Situation, wo du »bad vibes« oder sogenannte schlechte Energien spürst, schütze dich

davor, daß du sie aufnimmst oder sie dich zu deinen Ungunsten beeinflussen, indem du entweder eine oder beide Hände auf dem Sonnengeflecht hast, denn diese Reiki-Position wirkt wie ein Schutzschild. Reiki in das Sonnengeflecht zu senden ist auch sehr nützlich, wenn du aufgeregt und nervös bist oder dich irgend etwas aus der Fassung gebracht hat. Wenn du dich auf eine Situation vorbereiten willst und Kraft brauchst – zum Beispiel möchtest du deinen Arbeitgeber um eine Lohnerhöhung bitten –, gib dir Energie vor und während der Verhandlung mit ihm. Wie du siehst, spielt das Sonnengeflecht eine bedeutsame Rolle. Wenn du dir jedoch wirklich etwas Gutes tun willst, laß dir von einem Reiki-Freund eine Ganzkörperbehandlung geben.

4. Es wird Zeiten geben, wenn du dich ganz bewußt nicht mit Reiki behandeln möchtest oder es einfach nicht magst, dir deine Hände aufzulegen. Es ist ein deutlicher Beweis dafür, daß du mit deiner Selbstheilungsenergie – entweder bewußt oder unbewußt – nicht in Kontakt sein willst. Vielleicht hast du eine Blockierung oder einen Widerstand dagegen, mit deinen persönlichen Problemen umzugehen und sie zu lösen. Den besten Rat, den ich dir geben kann, ist, nicht den Fehler zu machen und mit Reiki aufzuhören. Vertraue darauf, daß Reiki dich unterstützen wird, die Probleme in Angriff zu nehmen und sie auf eine Art und Weise zu lösen, die dich nicht leiden läßt, sondern dir hilft, zu wachsen und reifer zu werden. Natürlich kannst du auch einen Reiki-Freund bitten, dir eine Behandlung zu geben.

5. Deinen eigenen Rücken mit Reiki zu behandeln, ist meistens nicht sehr wohltuend. Besonders wenn du sowieso schon unter Rückenbeschwerden leidest, wird die etwas unnatürlich verrenkte Haltung deiner Arme und

Hände nicht zur Erleichterung deiner Schmerzen beitragen. Aus metaphysischer Sicht steht dein Rücken dafür, wie du dich selbst in deinem Leben unterstützt und dir von anderen helfen läßt. Wenn du also Rückenprobleme hast, ist das wahrscheinlich ein Zeichen dafür, daß du nicht genug Unterstützung bekommst. Vielleicht hast du es auch nicht gelernt, um Hilfe zu bitten, und leugnest die Notwendigkeit dafür ab. Nachdem sich dieser Mangel an Unterstützung auf der körperlichen Ebene manifestiert hat, wird es für dich ein wichtiger Lernprozeß sein zu erkennen, wie notwendig es ist, andere um Hilfe zu bitten. Als ersten Schritt rate ich dir, einen Reiki-Freund zu bitten, dir eine Behandlung zu geben. Zögere nicht, denn du hast es verdient.

Ich selbst gebe mir regelmäßig Reiki. Meine Behandlung am Morgen – meistens findet sie im Bett statt – dauert ungefähr fünfzehn Minuten. Obwohl ich keine Frühaufsteherin bin, lohnt es sich, den Wecker eine Viertelstunde eher zu stellen, so daß ich mich zeitlich nicht unter Druck fühle. Die morgendliche Reiki-Behandlung bringt mich in die richtige Stimmung für den kommenden Tag und schafft in mir eine positive Grundhaltung für alles, was mir während des Tages bevorsteht.

Im Laufe von mehreren Jahren hat sich für mich persönlich eine Routine herauskristallisiert, bei der ich die Behandlung meiner Vorderseite wichtiger finde, als meinem Kopf Reiki zu geben. Vielleicht hast du eine Abfolge von Handpositionen entwickelt, die anders ist. Wenn sich das für dich richtig anfühlt, solltest du es auch so machen. Denke daran, daß es keine generell »richtigen« oder »falschen« Handpositionen gibt. Richtig ist das, was dir guttut!

Wenn ich abends im Bett liege, gebe ich mir eine weitere Selbstbehandlung, und es passiert oft, daß ich dabei einschlafe. Wenn ich dann mitten in der Nacht aufwache, befinden sich meine Hände immer noch entweder auf dem Herzchakra oder auf meinem Bauch. Reiki fließt, egal, ob ich wach bin oder schlafe, und so schlafe ich wieder ein mit dem beruhigenden Gefühl, daß ich mir auch im Schlaf die Energie geben kann.

## B. Die Reiki-Selbstbehandlung als eine Form der Meditation

Ich benutze die Reiki-Selbstbehandlung als eine spirituelle Praxis; für mich ist sie eine Form von Meditation. Ich habe viele verschiedene Meditationstechniken ausprobiert, aber keine gefunden, an der ich so richtig Freude hatte. Als ich Reiki-Kanal wurde, habe ich sehr schnell gemerkt, daß Reiki Meditation ist: mühelose Meditation, bei der ich mich nicht anstrengen muß. Auf ganz natürliche – fast automatische – Art und Weise gelingt es mir, leer von Gedanken und Gefühlen zu werden. Gleichzeitig beginne ich, einen Zustand von Harmonie und großer Freude zu erfahren, was dann zu einem Gefühl von Ausgeglichenheit und tiefem inneren Frieden führt. Das Wunderbare daran ist, daß mit Reiki die ganze Prozedur ohne Anstrengung und Mühe geschieht – es ist eine bedeutsame Erfahrung, und es ist bestimmt einen Versuch wert.

Für diejenigen, die bereits eine bestimmte spirituelle Disziplin oder Meditationstechnik ausüben, ist es interessant zu wissen, daß Reiki nicht nur mit allen anderen Methoden kombiniert werden kann, sondern daß Reiki das bereichert, was du eh schon ausübst.

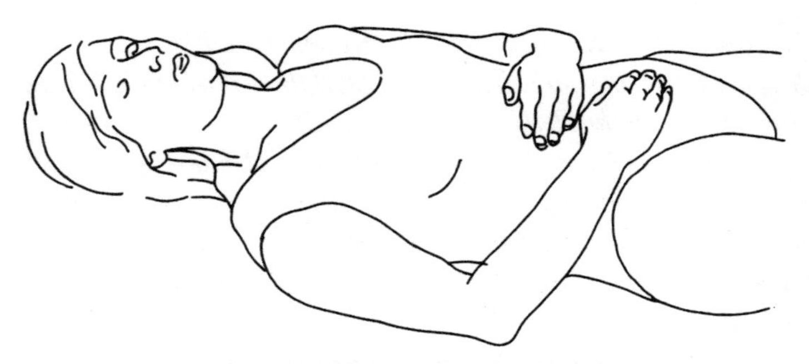

**Selbstbehandlung. Fünfte Position, Hände über dem Nabel/Solarplexus.**

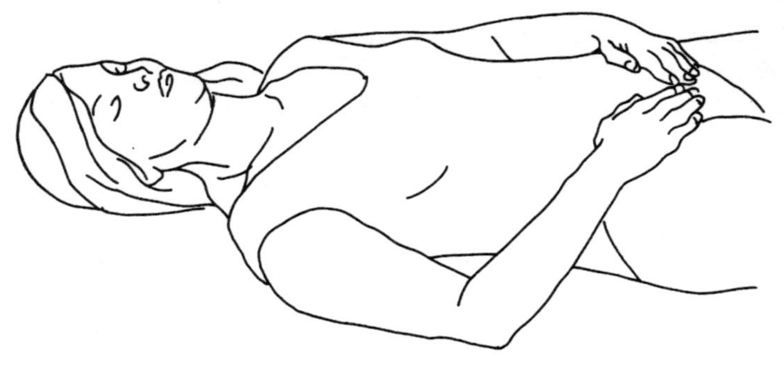

**Selbstbehandlung. Sechste Position, Hände über dem Unterbauch.**

*Karmayogini erzählt von ihrer Erfahrung:*

*Viele Jahre lang habe ich Yoga praktiziert und gelehrt. Außerdem bin ich auch ein Reiki-Kanal. Jedes Jahr feiere ich in einem Ashram »Guru Poornima«, ein traditionelles indisches Fest, das über einige Tage geht, bei dem allen Gurus – denen der Vergangenheit wie der der Gegenwart – gedankt wird, weil sie uns Wege zum Licht und zur Erleuchtung gezeigt haben. Meine Tochter Alice nahm auch einmal an dieser Feier teil, und als ich ihr an einem Nachmittag Reiki gab, erzählte sie mir später, daß sie das Bild eines australischen Ureinwohners (Aborigines) vor ihrem inneren Auge sah. Ich schlug vor, daß sie ihn beim nächsten Mal, wenn ich ihr Reiki gab, fragen sollte, ob er eine Botschaft für sie habe. Während der folgenden Reiki-Behandlung sprach er tatsächlich zur ihr: » Vor vielen Jahren hat dieses Land, auf dem sich der Ashram befindet und ihr 'Guru Poornima' feiert, mir einmal gehört. Was ihr hier tut, ist eine gute Sache, und ich freue mich darüber.«*

*Alice erzählte später der ganzen Gruppe von ihrem Erlebnis, und für uns alle war es ein Beweis dafür, daß ganz verschiedene spirituelle Wege – Yoga, Reiki und die Kultur der australischen Ureinwohner – in Frieden und Harmonie zusammen existieren können und eine Einheit bilden.*

## Kapitel 8

# Richtlinien für die Ganzkörperbehandlung, und wie du sie an einem Partner durchführst

Es wird ein Zeitpunkt kommen, wenn du dich bereit fühlst, anderen Personen eine Reiki-Behandlung anzubieten. Setze dich nicht unter Druck, wenn du eigentlich keine Lust dazu oder noch nicht genug Vertrauen hast, anderen Reiki zu geben. Sei nicht ungeduldig mit dir, und verurteile dich nicht. Es gibt kein »Muß« oder »Soll«. Wenn du wirklich bereit bist, mit anderen das Geschenk von Reiki zu teilen und gewillt, Reiki-Behandlungen zu geben, werden sich die richtigen Gelegenheiten auftun und dir die Leute begegnen, die dafür offen sind. Du wirst erstaunt sein, wie sich alles natürlich fügt.

Wenn deine Arbeitskollegen, Freunde und Verwandte wissen, daß du an einem Reiki-Seminar teilgenommen hast, ist die Wahrscheinlichkeit groß, daß sie dich um eine Behandlung bitten. Es ist normalerweise sehr schön, auf diese Art und Weise die ersten Reiki-Behandlungen zu geben. Manchmal passiert es aber auch, daß deine nächsten Angehörigen – dein Mann oder deine Frau und deine Kinder – Reiki sehr skeptisch gegenüberstehen. Wenn das der Fall ist, dränge dich nicht auf, sondern warte, bis dein Partner bereit und offen ist für Reiki. Du hast das Geschenk von Reiki in deinen Händen für den Rest deines Lebens – warum solltest du es also eilig haben? Laß dir Zeit, denn damit wirst du dir eine Enttäuschung ersparen.

Falls du bereits in einem Heilberuf (zum Beispiel als

Masseur oder Heilpraktiker, Krankenschwester oder Arzt) tätig bist, wird es dir vielleicht leichter fallen, an Leute heranzutreten und Reiki anzubieten. Eine gewisse Scheu werden diejenigen zu überwinden haben, die noch nie in einer Situation gewesen sind, eine Heilbehandlung zu geben.

Obwohl Reiki in der westlichen Welt mehr und mehr bekannt wird, ist es nach wie vor sehr schwer, es mit einfachen Worten zu beschreiben. Auf einer Seite am Ende dieses Buches (Seite 197) habe ich eine kurze, aber dennoch gründliche Einführung in Reiki dargelegt. Du kannst diese Information abschreiben und sie als Richtlinie benutzen, wenn du Reiki – die alte Kunst des Handauflegens – jemandem erklären willst.

Es gibt Menschen, die auf der intellektuellen Ebene gar nicht wissen wollen, was Reiki ist. Statt darüber zu reden und zu diskutieren, ziehen sie es vor, Reiki in einer Behandlung an sich selbst zu erfahren. Sie sind nicht am Ursprung von Reiki interessiert und wie es wirkt. Für sie ist einfach wichtig, daß sie den Nutzen von Reiki am eigenen Leib spüren, und so genügt ihnen die Erfahrung in einer Behandlung.

Kinder und geistig behinderte Menschen werden auf der intellektuellen Ebene auch nicht verstehen, was Reiki ist, und für sie ist die Erfahrung des Handauflegens von größter Bedeutung. Wenn du trotzdem zur Erklärung Worte benutzen möchtest, wähle eine ganz einfache Sprache. »Reiki ist so, als wenn du jemandem eine liebevolle Umarmung gibst.« – »Reiki ist so ähnlich wie die Liebe Gottes (für religiöse Menschen).« – »Wenn du Reiki erhältst, kommt ein Engel zu dir, und du fühlst dich gleich viel besser (für kranke Kinder).« Der Möglichkeit, Reiki zu beschreiben, sind keine Grenzen gesetzt, und ich bin mir ganz sicher, daß du die richtigen Worte findest, wenn du auf die Stimme deines Herzens hörst und in liebevollem Ton sprichst. Sei dir dabei bewußt, daß du deinem Partner helfen und ihn unterstützen willst.

*Vor einigen Jahren fragte mich eine ältere Dame, welche alternative Heilmethode ich denn praktiziere. Ihre Krankengeschichte informierte mich darüber, daß sie sehr traumatische Erlebnisse hatte, nachdem ihr Ehemann im Krieg von japanischen Soldaten getötet worden war. Es war daher mehr als verständlich, daß sie allem, was aus Japan kam, nicht besonders wohlgesonnen war. Krasser ausgedrückt kann man sagen, daß sie alles haßte, was auch nur die geringste Verbindung mit Japan hatte. Wie dir, liebe Leserin und lieber Leser, jetzt bekannt ist, wurde Reiki in Japan wiederentdeckt, und ich wollte irgendwie vermeiden zu erwähnen, daß Reiki ursprünglich aus Japan kam. Ich fühlte intuitiv, daß eine Reiki-Behandllung ihren Beschwerden helfen würde, und erklärte ihr Reiki als »eine Form des Handauflegens, die christlichen Ursprung hat – so ähnlich, wie Jesus es in der Bibel tat«. Das konnte sie ohne weiteres akzeptieren, da sie einen religiösen Hintergrund hatte. Die folgenden Reiki-Behandlungen ließ sie mit Freuden zu, und sie steigerten ihr Gesamtbefinden ganz erheblich.*

Aus den vorherigen Abschnitten ist ersichtlich geworden, daß die Worte, die du wählst, um Reiki zu erklären, von großer Bedeutung sein können. Hat dein Partner erst einmal eine grundlegende Idee bekommen, wie die universelle Lebensenergie funktioniert, kann er sich eine Meinung darüber bilden, ob er eine Behandlung haben will. Dieser Punkt ist mir sehr wichtig, und ich möchte ihn ganz besonders betonen: Dein Partner hat die Verantwortung, dich um eine Reiki-Behandlung zu bitten. Auch wenn du denkst, daß Reiki ihm gut tun würde, er selbst aber nicht daran interessiert ist, überlaß ihm allein die Entscheidung, und dränge ihn nicht. Manche Menschen »lieben ihre Krankheit«, denn sie ist Teil ihres Lebens geworden. Sie ist wie eine Krücke auf ihrem Lebensweg, und ohne diese Krücke können sie nicht mehr laufen. Oft erhalten sie auch mehr Aufmerksamkeit und Hilfe von Freunden oder Verwandten, die sie nicht bekommen würden, wenn sie gesund wären.

Zur Verdeutlichung dieses Aspektes von Krankheit und ihrem scheinbaren Vorteil dient das folgende Fallbeispiel:

*Eines Tages rief mich eine Dame an und bat mich, ihr Reiki-Fernbehandlungen zu geben. Seit Jahren litt sie an multipler Sklerose und verbrachte daher die meiste Zeit im Bett. Ihr Sohn kam dreimal am Tag, um ihr bei den Grundbedürfnissen im Alltag behilflich zu sein, wie zum Beispiel waschen und anziehen, einkaufen und das Essen zubereiten. Er mußte ihr sogar die Haare kämmen, da sie ihre Arme nicht heben konnte. Über einen Zeitraum von mehreren Wochen verbesserte sich ihr Zustand durch die Fernbehandlungen erheblich, und sie war auf die Unterstützung ihres Sohnes kaum noch angewiesen. Konsequenterweise war es daher für ihn nur noch notwendig, einmal am Tag zu kommen. Obwohl ich die Fernbehandlungen fortsetzte, war die Verbesserung ihres Gesundheitszustandes nur von kurzer Dauer, und ihre Symptome verschlimmerten sich in dem Maße, daß ihre Krankheit wieder so ernst wie zu dem Zeitpunkt wurde, als ich sie kennenlernte. Die Erklärung für die Verschlechterung ihres Zustandes ist für mich sehr einfach: Unbewußt hatte sie gemerkt, daß sie durch ihre Krankheit die größtmögliche Zuwendung von ihrem Sohn und dem Rest ihrer Familie erhielt, und diesen Zustand – obwohl durch eine Krankheit hervorgerufen – wollte sie beibehalten.*

Wenn dein Partner eine Reiki-Behandlung möchte, um sich einfach nur zu entspannen oder um Reiki kennenzulernen, genügt es, ihm eine einzige Behandlung zu geben. Sie wird ohne Zweifel ausreichen, sein Interesse und seine Neugier zu befriedigen. Denke aber daran, daß durch Reiki körperliche und seelische Blockaden freigesetzt werden können (lies bitte auch im Kapitel 9 über »Wachstumsschmerzen und Heilungsreaktionen« nach). Wenn das der Fall ist, braucht dein Partner mehr Reiki-Behandlungen; sei also darauf vorbereitet. Wenn du selbst keine Zeit hast, solltest du ihm andere Reiki-Praktizierende empfehlen, die die Behandlungen fortsetzen können.

Wenn Leute zu dir kommen, die Probleme, Beschwerden oder Krankheiten von unterschiedlichem Ausmaß haben, ist es angemessen, mit einer Serie von vier Reiki-Behandlungen anzufangen. Ideal wäre es, wenn du sie an vier aufeinanderfolgen Tagen gibst; falls das aber nicht geht, versuche die Termine für die Behandlungen so dicht wie möglich zu legen. Dein Partner benötigt mindestens die erste Behandlung, um sich zu entspannen und an die Abfolge der Handpositionen zu gewöhnen. Reiki ruft vielleicht auch eine Heilungsreaktion hervor, und dein Partner erfährt sogenannte »Wachstumsschmerzen«, die ein wenig unangenehm sein können. Er wird viel besser mit diesen Wachstumsschmerzen umgehen können, und sein Selbstheilungsprozeß wird beschleunigt werden, wenn er weitere Reiki-Behandlungen erhält. Höre also niemals mit dem Reiki-Geben auf, wenn Wachstumsschmerzen auftauchen! Dein Partner kann auch eine sehr negative Einstellung Reiki gegenüber entwickeln, wenn sich sein Gesundheitszustand vorübergehend verschlechtert; er wird denken, daß Reiki nicht hilft, sondern im Gegenteil seinen Zustand verschlechtert. Erkläre ihm, daß diese Verschlimmerung eine normale Reaktion ist, die zur Reinigung auf der körperlichen, geistigen und seelischen Ebene und zur Selbstheilung dient. Je schneller er die nächste Reiki-Behandlung bekommt, desto eher wird er sich besser fühlen.

## A. Vier goldene Reiki-Regeln

Die vier goldenen Reiki-Regeln habe ich selbst aufgestellt. Sie entstammen meiner eigenen Erfahrung in jahrelanger Arbeit mit Reiki und sollen helfen, dir auf deinem Weg mit Reiki die Richtung zu weisen und als praktische Anleitung zu dienen. Vom legalen Gesichtspunkt aus sind sie auch äußerst wichtig, denn als Reiki-Praktizierender möchtest du ja nicht mit dem Gesetz in Konflikt kommen; Reiki ist zwar eine wirksame alternative Heilmethode, bisher jedoch von der Schulmedizin nicht anerkannt. Die Reiki-Regeln sind daher auch unter diesem Gesichtspunkt sehr hilfreich und wichtig. Wenn ein Partner zum ersten Mal zur Reiki-Behandlung kommt, weise ich auf die Reiki-Regeln hin, bevor ich mit der Behandlung beginne.

### *1. Reiki ersetzt keine medizinische Behandlung!*

Reiki ist eine Selbstheilungsmethode, die zusammen mit Methoden der Schulmedizin angewandt werden kann. Der Idealzustand wäre für mich, wenn der Reiki-Praktizierende, der Reiki-Partner und der behandelnde Arzt zusammenarbeiten würden. Aus meiner Erfahrung heraus kann ich bestätigen, daß Medikamente, die eingenommen werden müssen, oft auf ein Minimum reduziert werden können, wenn jemand Reiki erhält. Natürlich wird diese

Entscheidung aber gemeinsam mit dem Arzt gefällt, denn es ist nicht in unserem Sinne und unser Recht, die medizinische Behandlung durch Reiki zu ersetzen.

### *2. Stelle keine Diagnose!*

Wenn du anfängst, anderen Reiki zu geben, wirst du dich während der Behandlung auf das Energiefeld deines Partners einstimmen und deine Intuition im allgemeinen verbessern. Je öfter du Reiki praktizierst, desto wahrscheinlicher ist es, daß du deiner Intuition vertrauen kannst. Vielleicht fühlst du, wo ein Mangel an Energie ist; oder es kann sein, daß du spürst, welche Probleme im geistigen und seelischen Bereich deinen Partner bewegen. Die Versuchung ist sehr groß, Schlußfolgerungen zu ziehen, wie gesund oder wie krank dein Partner ist, und deshalb eine Diagnose zu stellen.

a. Ich lege dir sehr stark ans Herz, daß du dich nicht dazu verleiten läßt, eine Diagnose zu stellen – es sei denn, du bist ein Arzt oder hast eine andere berufliche Qualifikation, die dir dies erlaubt. Es ist ein normaler Vorgang, daß du dich beim Reiki-Geben auf das Energiefeld deines Partners einstimmst und Bereiche spürst, die viel oder wenig Energie haben. Kommst du zu einer bestimmten Stelle, wo du einen momentanen Mangel an Energie fühlst, hast du die Verantwortung, dort entweder länger zu verweilen, um mehr Reiki zu kanalisieren, oder Extra-Handpositionen einzufügen. Aber denke daran, daß es nicht zu deiner Verantwortung gehört, eine Diagnose zu stellen, und zwar nicht nur vom legalen Standpunkt aus gesehen, sondern auch aus dem Gesichtspunkt heraus, daß es nicht nötig ist. Reiki ist eine intelligente Energie und wird immer dorthin fließen, wo sie am dringendsten gebraucht wird. Sie richtet sich immer an die Ursache des manifestierten Problems.

b. Dadurch, daß du ein Kanal für die universelle Energie bist, vermeidest du es, dein Ego, deine eigenen Gedanken und Gefühle mit einfließen zu lassen. Du brauchst nicht zu wissen, welches Problem dein Partner hat, und dabei ist es gleichgültig, ob das Problem auf der körperlichen, geistigen oder seelischen Ebene ist. Durch das Auflegen deiner Hände und durch das Fließenlassen der Energie nimmt sich dein Partner so viel Reiki, wie er für seinen eigenen Prozeß der Selbstheilung benötigt. Es klingt vielleicht unglaublich einfach, aber das ist wirklich alles, was du tun mußt.

c. Es ist auch sehr wichtig, dir bewußtzumachen, daß jede Diagnose unnötige Angst in deinem Partner auslösen kann, und das ist das letzte, was du für deinen Partner willst. Die Heilkraft von Reiki wird jegliches negative Gefühl von Angst durch ein positives Gefühl von Liebe ersetzen. Ein negatives Gefühl erst hervorzurufen, ist vollkommen unnötig und damit sinnlos. Deine Verantwortung als Reiki-Praktizierender besteht darin, Reiki zu kanalisieren und es damit deinem Partner zu ermöglichen, ein positives Gefühl sich selbst und anderen gegenüber zu entwickeln – dieser Vorgang ist der erste Schritt zur Heilung!

### *3. Stelle keine Prognose!*

Da du als Kanal für die universelle Lebensenergie wirkst und sie von deinem Partner zum Zweck der Selbstheilung genutzt wird, kannst du keine Vorhersage machen, wie lange es dauern wird, bis er sich besser fühlt und wie lange eine Heilungsreaktion anhält, falls überhaupt eine auftritt.

Du kannst das Ergebnis der Reiki-Behandlung nicht kennen und auch nicht beeinflussen, und daher ist es unmoralisch, das Resultat der Behandlung vorherbestimmen zu wollen. Natürlich kannst du erwähnen, daß Reiki im allgemeinen eine sehr entspannende und beruhigende Wirkung hat und daß manchmal auch Erlebnisse aus der Vergangenheit an die Oberfläche kommen können, besonders dann, wenn sie vorher noch nicht richtig verarbeitet worden sind. Oft setzt das Wohlbefinden jedoch schon während oder gleich nach der Reiki-Behandlung ein; gegebenenfalls kann es aber auch länger dauern, bis eine positive Wirkung gespürt wird. Wie gesagt, du kannst das Ergebnis einfach nicht vorhersagen.

Wenn du die erste Serie von vier Reiki-Behandlungen gegeben hast, solltest du zusammen mit deinem Partner besprechen, wie ihr in der Zukunft weiter verfahren wollt. Du hast die Wahl, ihm noch einmal vier Behandlungen anzubieten; vielleicht ist es angemessener, ihm nur einmal pro Woche oder einmal im Monat Reiki zu geben. Eine andere Möglichkeit ist auch zu warten, bis er sich schlapp und energielos fühlt. Wie du siehst, entscheidet ihr beide zusammen den weiteren Verlauf der Behandlungen.

In den zwei folgenden Fallstudien möchte ich dir zeigen, daß man wirklich keine Prognose stellen kann. Dein Partner bestimmt seine eigene Selbstheilung, und manchmal führt das zur vollkommenen Herstellung seiner körperlichen, geistigen und seelischen Gesundheit; manchmal allerdings hilft Reiki ihm auch, friedlich zu sterben.

*Eine junge Frau, Mitte zwanzig, litt an Brustkrebs. Sie weigerte sich, sich einer Operation zu unterziehen und wollte auch keine Medikamente einnehmen. Sie war voller Haß auf die gesamte Ärzteschaft und kam zu mir, um sich mit Reiki behandeln zu las-*

*sen. Nach vier Behandlungen entschloß sie sich, zusammen mit ihrem Partner an einem Reiki-Seminar teilzunehmen. Obwohl sie danach selbst in der Lage war, sich Reiki zu geben, kam sie weiterhin zu mir, um Reiki zu bekommen.*

*Ihr Brustkrebs wurde schlimmer, und als sie das nächste Mal zur Untersuchung ins Krankenhaus mußte, fanden die Ärzte Metastasen in der Lunge. Jetzt war sie so verzweifelt, daß sie einer Chemotherapie zustimmte. Zu diesem Zeitpunkt fragte sie mich zum ersten Mal, ob ich ihr auch die Reiki-Geistheilung geben könnte, um so Zugang zu tieferen seelischen und geistigen Schichten zu bekommen. Ihre nächsten Reiki-Behandlungen waren sehr kraftvoll und tiefgreifend. Sie kam mit bedeutsamen Ereignissen aus ihrer Vergangenheit in Berührung, lernte sehr viel über sich selbst, ihre Verhaltensmuster und wie sie ihr ganzes Leben bis jetzt geführt hatte. Sie war in der Lage, sich einige sehr traumatische Erlebnisse aus ihrer Kindheit anzugucken und konnte danach den Schmerz und die Verletzungen loslassen, die damit einhergingen und ihre Lebensqualität beeinträchtigt hatten.*

*Nach etwa zwei Monaten fühlte sie sich seelisch wie eine neue Frau und entschloß sich, vorzeitig mit der Chemotherapie aufzuhören. Zur großen Verblüffung der Ärzte ging der Krebs zurück, und das, obwohl sie keine Medikamente mehr einnahm. Innerhalb eines halben Jahres war sie frei von Krebs, und seitdem ist sie gesund und munter – und das liegt jetzt drei Jahre zurück. Reiki hatte ihr geholfen, die Ursache zu finden, die zu ihrem Symptom – dem Brustkrebs – geführt hatte. Als sie das entdeckt hatte, traf sie die Wahl, ihr Leben neu zu gestalten, und der Selbstheilungsprozeß konnte beginnen.*

*Als B. zum ersten Mal zu mir kam, war vor einem Jahr Leberkrebs bei ihm diagnostiziert worden. Vor ein paar Wochen hatten die Ärzte Metastasen in fast jedem anderen Organ seines Körpers gefunden, und sie gaben ihm nur noch sehr kurze Zeit zu leben. Es gab keine Therapieform mehr, die Aussicht auf Heilung versprach, und so blieb nur die Möglichkeit, seine Schmerzen mit hohen Dosen Morphium zu lindern. Seine Lebensqualität war am Nullpunkt angelangt. Ich konnte sehen, daß er voller Ärger und Haß war, weil das Leben ihn offensichtlich so schlecht behandelte. Er hatte alle seine Gefühle unterdrückt und aufgestaut, und er kam mir vor wie aus Stein. Mit Hife von regelmäßigen Reiki-Behandlungen fing er an, mit seinen tiefen, schmerzlichen Gefühlen in Berührung zu kommen und konnte bald seine Gefühle von Ärger, Aggression und Enttäuschung verbal äußern. Eine seiner schlimmsten Erfahrungen war die Erkenntnis, daß er niemals gut genug und ein Versager war. Im Laufe der nächsten Behandlungen begann er, seine Gefühle anzunehmen sowie die Tatsache, daß er ernsthaft krank war. Kurz darauf schloß er Frieden mit sich, seiner Familie und seiner Vergangenheit, und dann war es nur noch eine Frage von wenigen Tagen, bis er sanft – im wahrsten Sinne des Wortes – einschlief. Reiki hatte ihm geholfen, alles loszulassen und den nächsten Schritt zu tun.*

### *4. Mehr Reiki ist besser als weniger! Ein bißchen Reiki ist besser als keines!*

Die Richtlinien, die ich dir für die Selbstbehandlung, die Ganzkörperbehandlung und die Kurzbehandlung gebe, sind für mich eine ideale Art und Weise, entweder dir selbst oder anderen Reiki zu geben. Sie sind jedoch Richtlinien und können jederzeit variiert werden, wenn du es für wichtig hältst. Reiki wird dich lehren und dir zeigen, wie und wann du die vorgeschlagenen Techniken abändern solltest. Du mußt einfach nur auf Reiki vertrauen und dich von der Energie leiten lassen!

Wenn du ein Anfänger bist und gerade den ersten Reiki-Grad gemacht hast, werden die Richtlinien und Regeln dir helfen, daß du dich daran erinnerst, was zu tun und was lieber zu lassen ist. Hoffentlich ermutigen sie dich, Reiki in deinem täglichen Leben aktiv zu nutzen und kreativ einzusetzen. Je mehr Reiki du gibst, desto mehr Selbstvertrauen wirst du im Umgang damit gewinnen.

Oft wirst du dich in einer Situation befinden, in der du die sogenannten idealen Bedingungen für eine Reiki-Behandlung nicht erfüllen kannst. Erinnere dich dann daran, daß du Reiki in allen Situationen und unter allen Umständen geben kannst – deine Bereitwilligkeit, die Reiki-Energie kanalisieren zu wollen, ist die einzig wichtige Voraussetzung.

*Die meisten Menschen haben eine positive Erfahrung mit Reiki und merken, wie gut es ihnen tut, selbst wenn die äußeren Bedingungen nicht sehr vorteilhaft sind. Ich nehme des öfteren mit meinen Reiki-Schülern an alternativen Messen und Heilungs-Festivals teil, wo wir umsonst Reiki-Behandlungen anbieten. Da meistens ein sehr großes Interesse an Reiki besteht, müssen die Leute oft in einer Schlange warten, bis sie an der Reihe sind. Da wir so vielen Menschen wie möglich eine kurze Erfahrung der universellen Lebensenergie geben möchten, beschränken wir die einzelnen Behandlungen auf ungefähr fünfzehn Minuten, was sogar noch weniger ist als eine Kurzbehandlung (siehe Kapitel 11). Die Geräuschkulisse auf dieser Art Messen und Festivals ist normalerweise ziemlich hoch, und hektisch ist es auch. Während wir Reiki geben, beantworten wir gleichzeitig aufkommende Fragen, und es erstaunt mich immer wieder, daß diejenigen, die zum ersten Mal mit Reiki in Berührung kommen, trotz all dieser Ablenkungen von außen spüren, welch wunderbare Entspannungs- und Heilwirkung die universelle Lebensenergie hat.*

*Am Ende eines geschäftigen Tages machen wir auch immer wieder die Erfahrung, daß Praktizierende anderer Heilweisen (zum Beispiel Shiatsu-Therapeuten, Masseure, Astrologen u.a.) zu uns kommen, um Reiki zu erhalten, weil sie erschöpft und ausgelaugt sind von der Arbeit, die sie geleistet haben. Wie du jetzt schon weißt, Reiki macht dich nicht müde und energielos – ganz im Gegenteil, wenn du Reiki-Energie gibst, fühlst du dich entspannt, erfrischt und gekräftigt, ebenso wie dein Partner.*

## B. Praktische Vorschläge für eine Reiki-Behandlung

Der Reiki-Fluß hängt nicht davon ab, ob du eine bestimmte Atmosphäre schaffst. Sobald du deine Hände einer Person, einem Tier oder einer Pflanze auflegst, strömt die Energie durch dich hindurch; Tatsache ist, daß sie sogar fließt, wenn du unbelebtes Material berührst, wie zum Beispiel Batterien. Jeder von uns braucht liebevolle Aufmerksamkeit und ein gesundes Maß an Fürsorge, deshalb wirst du deinem Reiki-Partner einen Gefallen tun, wenn du während der Behandlung für eine angenehme Atmosphäre sorgst. Für mich bedeutet es, daß alles stimmig ist – angefangen von der Bequemlichkeit der Massageliege bis hin zur Mediationsmusik. Ich zeige meinem Partner damit Achtung und erweise ihm Ehre, und er wird den größtmöglichen Nutzen aus der Reiki-Behandlung ziehen können.

1. Sorge dafür, daß es so ruhig wie möglich ist. Nimm den Telefonhörer von der Gabel oder schalte deinen Anrufbeantworter an, wenn du einen besitzt. Vielleicht befestigst du auch einen Zettel außen an der Tür des Raumes, in dem du die Behandlung gibst, so daß Familienmitglieder daran erinnert werden, daß du Reiki gibst. Geräusche und jegliche Unterbrechungen beeinträchtigen zwar

nicht den Reiki-Fluß, aber du und dein Partner werden die Behandlung nicht so richtig genießen können, wenn die Umgebung laut und geräuschvoll ist.

2. Um von nervigen Hintergrundgeräuschen (wie zum Beispiel Türgeklapper, Straßenverkehr, Kindergeschrei usw.) abzulenken und sie weitgehend auszuschließen, stelle sanft fließende, nicht zu rhythmische Meditationsmusik oder leichte klassische Musik an. Wenn du in einer ruhigen Gegend lebst, wo du nur den Wind in den Bäumen, den Regen auf dem Dach und Vogelgezwitscher hörst, so reicht die »Musik von Mutter Natur« voll und ganz aus.

3. Zünde ein Räucherstäbchen an oder die Kerze in einer Duftlampe mit einem ätherischen Öl. Ich persönlich ziehe das letztere vor, da manche Menschen, und ich schließe mich da selbst mit ein, sehr empfindlich auf Rauch und das intensive Aroma von Räucherstäbchen reagieren. Bei einigen wenigen Menschen können starke Gerüche auch allergische Reaktionen hervorrufen, und das möchtest du deinem Partner natürlich ersparen. Wenn du auf dem Gebiet der Aromatherapie bewandert bist, kannst du Duftessenzen auswählen, welche die Reinigung und Entspannung, die Reiki bewirken wird, unterstützen. Ich persönlich nehme gerne Lavendel zum Entspannen und Lemongrass für den Reinigungsprozeß.

4. Baue deine Massageliege auf, bedecke sie mit einem Bettlaken oder einer dünnen Decke, und halte zwei Kissen bereit, eines, um es unter den Kopf deines Partners zu legen, und ein zweites für die Kniekehlen. Selbst an warmen Sommertagen decke ich meinen Partner mit einer leichten Baumwolldecke zu, denn oft sinken der Blutdruck und die Körpertemperatur während der Behandlung, und ein kühler Luftzug kann als sehr unangenehm empfunden werden.

5. Wichtig ist, daß ihr beide bequeme, locker sitzende und luftdurchlässige Kleidung anhabt. Ein strammer Gürtel und eine engsitzende Krawatte sollten gelöst werden. Wenn eine Uhr oder Schmuck hinderlich sind, schlage ich vor, daß sie abgelegt werden.

6. Aus hygienischen Gründen wasche dir vor der Behandlung die Hände. Habe Papiertaschentücher in Reichweite, falls deine Hände beim Reiki-Geben schwitzen oder falls du deinem Partner Tränen abwischen möchtest oder er seine Nase putzen muß. Wenn eine Reiki-Partnerin ein starkes Augen-Makeup hat, decke ich ihr Gesicht mit einem Kleenextuch ab, so daß meine Hände sauber bleiben. Eine gute Alternative zu Papiertüchern sind Seidenschals. Sie geben ein angenehmes Gefühl auf der Haut und sind leicht mit der Hand auszuwaschen. Besonders dann, wenn ich die Augen meines Partners bedecke, um grelles Licht abzuschirmen, sind die Seidentücher vorzuziehen.

7. Obwohl ich dir rate, deine eigene Armbanduhr abzulegen (das Ticken einer mechanischen Uhr kann sehr ablenkend sein), ist es wichtig, irgendwo im Raum eine Uhr zu haben, damit du dir die Zeit während des Reiki-Gebens einteilen kannst – besonders dann, wenn du noch eine weitere Reiki-Verabredung hast. Informiere deinen Partner darüber, daß eine Reiki-Behandlung im Durchschnitt ungefähr eine Stunde und fünfzehn Minuten dauert. Es ist für den Partner von Vorteil, die Augen geschlossen zu halten, und wenn er einschlafen sollte, spielt das für den Energiefluß keine Rolle.

8. Auf eine Sache weise ich vor der Behandlung ausführlich hin: Während ich die Energie kanalisiere, muß der Partner ganz und gar nichts tun. Zu meditieren, zu visualisieren und Affirmationen zu benutzen ist überflüssig und

würde den Reiki-Fluß nicht verstärken. Nichts zu tun – einfach zu sein – kann bereits ein bedeutsamer Auslöser für den Selbstheilungsprozeß sein.

### C. Reiki und psychologische Beratung

Für Reiki ist es nicht erforderlich, daß du Fähigkeiten auf dem Gebiet der psychologischen Beratung hast. Wenn du allerdings darin bereits ausgebildet bist (zum Beispiel als Psychotherapeut oder Psychologe) oder wenn du vorhast, dir in diesem Bereich Wissen anzueignen, ist es mit Sicherheit hilfreich für dich. Ich möchte dir ein paar Hinweise geben, was du in einem Gespräch mit deinem Partner beachten solltest.

Egal, was du gelernt hast oder lernen willst, der wesentlichste Bestandteil in eurer gemeinsamen Unterhaltung ist deine Fähigkeit, deinem Partner mit dem Herzen zuzuhören. Was ich genau damit meine, ist in dem folgenden Gedicht sehr schlicht, aber treffend zusammengefaßt.

*Wenn du mir zuhörst, bekräftigst du das, was ich sage;*
*aber dein Zuhören muß ehrlich, einfühlsam und ernsthaft sein.*
*Bitte, schau nicht geschäftig umher,*
*bitte, runzle nicht voller Sorge deine Stirn,*
*bitte, bereite dich nicht bereits darauf vor,*
*was du als nächstes sagen willst,*
*sondern gib mir deine ungeteilte Aufmerksamkeit und Zeit.*
*Ich habe Ideen, an denen ich dich teilhaben lassen möchte,*
*Gefühle, die ich nur zu oft für mich behalte,*
*grundsätzliche Fragen, die tief in mir brodeln*
*und auf Antworten warten.*
*Ich habe Hoffnungen, die ich nur schwer mitteilen kann.*
*Ich habe Schmerzen, Angst und Schuldgefühle,*
*die ich zu meistern versuche.*

*All das sind wirkliche Teile von mir,*
*und ich brauche viel Mut, darüber zu sprechen.*
*Ich bitte dich darum,*
*daß du mir dein Interesse durch den Ausdruck*
*in deinen Augen zeigst oder eine gelegentliche Bemerkung.*
*Vielleichst spürst du, was ich nicht in Worten ausdrücken kann,*
*was aber hinter meinem schüchternen Lächeln,*
*meinem schmerzvollen Blick, meinem Zögern*
*und meinen Kämpfen steckt.*
*Bitte höre mir zu! Das ist alles, was ich mir von dir wünsche.*
*Du brauchst nicht zu reden oder etwas zu tun.*
*Ratschläge sind billig, und ich bin entschlossen,*
*die Antworten selbst zu finden.*
*Ich bin nicht hilflos,*
*vielleicht bloß ein wenig entmutigt und schwankend,*
*aber nicht hilflos – habe Vertrauen zu mir.*

Wenn du dieses Gedicht als Grundlage für deinen Gesprächsstil nimmst, wird Reiki alles übrige tun.

Vielleicht erzählt dir dein Partner eine sogenannte »Opfergeschichte«. Er sieht sich als ein Opfer von Umständen, Situationen, anderen Menschen oder der Welt im allgemeinen. Meine Erfahrung ist, daß eine Opfergeschichte mehr als einmal erzählt wird. So kommt jemand zur ersten Reiki-Behandlung und erzählt seine Geschichte; beim zweiten Reiki-Termin hörst du die gleiche Geschichte noch einmal, und dieses Verhaltensmuster setzt sich auch in der dritten Behandlung fort. Dein Partner ist sich wahrscheinlich noch nicht einmal bewußt, daß er sich ständig wiederholt, und es ist auch nicht deine Aufgabe, ihn zu beurteilen. Du wirst ihm aber helfen, wenn du ihn darauf aufmerksam machst, daß er sich sehr eingefahren verhält.

Egal, wie du das Thema auf sein eingefahrenes Verhalten lenkst, mache es auf liebevolle und unterstützende Art und Weise. Laß dich nicht von seiner Geschichte und seinen Problemen einfangen, zeige ihm aber deutlich, daß du ihn verstehst und mit ihm fühlst. Ich habe gute Erfahrungen damit gemacht, wenn ich meinem Partner versichere, daß ich seinem Problem zugehört und es im Herzen verstanden habe. Ich sage ihm auch, daß die Zeit, die er mit mir während der Reiki-Behandlung verbringt, wirklich seine Zeit ist, in der ich mich voll und ganz auf ihn einstelle. Für manche ist es das erste Mal in ihrem Leben, daß ihnen mit Worten versichert wird, daß sie der Mittelpunkt der Aufmerksamkeit sind und ihnen richtig zugehört wird.

Da du ein Außenseiter in seinem Problem bist, kann es sein, daß es angemessen ist, ihn aus deinem seelischen Abstand heraus auf Zusammenhänge hinzuweisen, die dir offensichtlich erscheinen, ihm aber nicht klar sind. Dein Partner hat eine objektive Einstellung zu seinem Problem verloren, und ihm fehlt möglicherweise die Klarheit, es von einem anderen Gesichtpunkt aus zu betrachten und einzuschätzen. Rufe ihm ins Bewußtsein, daß er seine Wahrnehmung bezüglich seines Problems ändern kann, und ermutige ihn, die Verantwortung für seine Entscheidung und somit für sein Leben zu übernehmen.

Vermeide es auf jeden Fall, Suggestivfragen zu stellen und Manipulation auszuüben.

Ich möchte noch einmal in einer Übersicht die Reiki-Empfehlungen zusammenfassen:

*Reiki ersetzt keine medizinische Behandlung.*
*Stelle keine Diagnose.*
*Stelle keine Prognose.*
*Mehr Reiki ist besser als weniger.*

*Ein bißchen Reiki ist besser als keines.*
*Weise darauf hin, daß Heilungsreaktionen auftreten können,*
*aber nicht müssen (sage es nicht als Warnung).*
*Reiki ist eine Selbstheilungsenergie und hilft deinem Partner,*
*die Verantwortung für sein Leben zu übernehmen.*
*Dein Partner bestimmt den Heilungsprozeß, nicht du.*
*Erkläre ihm, daß du nicht deine eigene Energie benutzt.*
*Habe selbst Freude an der Reiki-Behandlung.*

## D. Reiki in Notfällen und als Erste Hilfe

Es ist selbstverständlich, daß bei einem Unfall oder einem anderen Notfall ein Arzt und ein Krankenwagen gerufen werden müssen. Bis diese eintreffen, kannst du natürlich Reiki geben.

Wenn du nichts über Erste Hilfe weißt, solltest du den Verletzten wegen eventueller innerer Verletzungen oder Knochenbrüche lieber nicht bewegen. Wenn er auf dem Rücken liegt, gib Reiki in das Sonnengeflecht. Es wirkt wie eine Energiepumpe und verteilt die Reiki-Energie sehr schnell in seinem Körper, um ihn zu entspannen und seine traumatische Erfahrung zu vermindern.

Wenn dein Partner nach dem Unfall mit dem Kopf nach unten, also auf dem Bauch, liegt, gib Reiki in die Nebennieren; sie liegen auf dem Rücken ein klein wenig über der Gürtellinie.

Befindet er sich in der stabilen Seitenlage, wirst du eine Hand auf das Sonnengeflecht und die andere auf die Nebennieren im Rückenbereich legen.

Wie du sicherlich merkst, ist es sehr hilfreich, sich in Erster Hilfe auszukennen, da du dann aus medizinischer Sicht weißt, was zu tun ist. Wenn du allerdings nur auf Reiki zurückgreifen kannst, sprich mit ruhiger und fester Stimme zu deinem Partner, während du die Energie kanalisierst. Wenn du selbst auch in Panik und aus dem Gleichgewicht gebracht bist, gib dir mit einer Hand Reiki auf dein Sonnengeflecht, und mit der anderen Hand beruhige das Sonnengeflecht deines Partners. Ihr werdet beide gleichzeitig spüren, wie gut euch die Reiki-Energie tut.

*Marlenes Erfahrung:*

*Vor kurzer Zeit mußte ich ins Krankenhaus eingeliefert werden. Mein Puls war auf 225 Schläge pro Minute angestiegen, und in meinen Lungen sammelte sich deshalb langsam Flüssigkeit an. Der erste Krankenwagen, der mich abholen sollte, konnte wegen der schlimmen Wetterbedingungen nicht durchkommen und mußte umkehren. Insgesamt brauchte ich mehr als drei Stunden, bis ich endlich bei der Unfallstation ankam. Ich fühlte mich von Reiki und seiner Heilkraft im Stich gelassen, denn ich hatte es die ganze Zeit über bei mir selbst angewandt und spürte keine Verbesserung in meinem Gesundheitszustand.*

*Erst sehr viel später erkannte ich, daß Reiki mich beruhigt hatte, obwohl ich eigentlich dachte, daß ich gleich sterben müßte. Rückblickend kann ich sagen, daß ich gar keine Angst hatte.*

## Kapitel 9

# »Wachstumsschmerzen« und Heilungsreaktionen

Wenn jemand in Kontakt mit Reiki kommt – sei es durch eine Reiki-Behandlung oder die Teilnahme an einem Reiki-Seminar –, passieren oft unvorhergesehene Dinge, und es können »Wachstumsschmerzen« auftreten; ein anderes Wort dafür wäre »Heilungsreaktionen«. Reiki reinigt dich auf der körperlichen, geistigen, seelischen und spirituellen Ebene, und oft mußt du erst deinen Ballast abwerfen und deine Giftstoffe ausscheiden, bevor du anfängst, dich besser zu fühlen. Dieser Vorgang ist ganz normal, und du brauchst dir darüber keine Sorgen zu machen. Diese Heilungsreaktionen können – müssen aber nicht notwendigerweise – auftreten. Wenn du darauf wartest und fest damit rechnest, daß sie auftreten, wirst du vielleicht enttäuscht sein, denn oft sind sie so subtil und sanft, daß du sie kaum fühlen wirst. Es ist auch gut zu wissen, daß eine Heilungsreaktion nie so stark ist wie das ursprüngliche Problem.

Wachstumsschmerzen spielen sich auf verschiedenen Ebenen ab. Sie hängen von der Person ab, die Reiki empfängt, sowie von dem Ausmaß und dem Ernst der Krankheit, die behandelt wird. Da die Heilungsreaktionen auf so unterschiedliche Art und Weise erfahren werden können, halte ich es für angemessener, sie hier nur allgemein zu diskutieren.

Reiki hat eine harmonisierende Wirkung auf alle Funktionen deines Körpers. In deinem Organismus werden Veränderungen stattfinden; alle inneren Organe und Drüsen werden angeregt, und sie werden wieder normal arbeiten können. Seit vielen Jahren haben sich Gifte und Schadstoffe in dir angesammelt, die jetzt aus den Poren deiner Haut und deinen Schweißdrüsen ausgeschieden werden, so daß dein Körpergeruch vorübergehend etwas übelriechend sein kann. Es ist auch möglich, daß sich die Oberfläche deiner Haut verändert (kleine Risse und Pickel) und deine Darmtätigkeit angeregt wird, wobei die Farbe deines Stuhls dunkler oder aber auch heller als gewöhnlich werden kann. Vielleicht mußt du auch häufiger Urin lassen, wobei sich Farbe und Beschaffenheit ebenfalls verändern können. Du wirst den Prozeß deiner Reinigung beschleunigen, wenn du sehr viel Wasser (mindestens acht bis zehn Gläser pro Tag) oder Kräutertee trinkst. Denke daran, daß Kaffee und Tee nicht geeignet sind, da sie dem Körper Flüssigkeit entziehen, und das hätte die entgegengesetzte Wirkung für deinen Reinigungsprozeß.

Vielleicht wirst du körperliche Schmerzen erfahren, die anfänglich ziemlich stark sind, aber nach kurzer Zeit schwächer werden sollten. Denke daran, daß Reiki dir die Ursachen für die Schmerzen aufzeigen wird, und sobald du den Grund erkannt hast und ihn annimmst, wird dein Heilungsprozeß beginnen können.

Wenn du jemandem Reiki gibst, der sich im Frühstadium einer Erkältung befindet, ist es möglich, daß sein Fieber ansteigen wird. Das Fieber zeigt, daß sein Körper gegen die Krankheit ankämpft und daß sein Immunsystem natürlich und gesund auf das Problem reagiert. Bei älteren Personen oder Menschen, die ein Herzleiden haben, solltest du allerdings vorsichtig sein, wenn das Fieber steigt. Für einen verantwortungsbewußten Reiki-Praktizierenden ist es dann angemessener, einen Arzt zu

Rate zu ziehen, anstatt auf eigene Faust nur weiter Reiki anzuwenden.

Eine alternative und natürliche Methode, hohes Fieber zu behandeln und herunterzudrücken, sind kalte Umschläge um die Beine und gegebenenfalls auch die Arme. Die kalten Kompressen ziehen die Hitze aus dem Körper deines Partners, und das wird ihm schnell Erleichterung bringen.

Seelische und geistige Symptome können sich unterschiedlich manifestieren. Vielleicht erinnerst du dich während einer Reiki-Behandlung an ein traumatisches Kindheitserlebnis, das tief in deinem Unterbewußtsein vergraben ist. Wenn du es aus der Vergangenheit hochtauchen läßt, wirst du mit den Gefühlen und Emotionen in Kontakt kommen, die in Verbindung mit dem Ereignis standen. Dadurch, daß sie nun wieder an der Oberfläche und dir bewußt sind, hast du eine erneute Chance, deine traumatische Vergangenheit zu heilen. Gefühle wie Angst, Ärger, Trauer und Einsamkeit sind normale, oft nicht zu umgehende Begleiterscheinungen bei diesem Heilungsvorgang. Bekenne dich voll und ganz zu dem, was du empfindest, auch wenn es dir im Moment noch Schmerz bereitet. Der Reiki-Praktizierende und die universelle Lebensenergie sind für dich da, um dich in deiner Selbstheilung zu unterstützen. Erinnere dich daran, daß du mit der Reiki-Energie vollkommen sicher, ge-schützt und unter-stützt bist.

Wenn du dich nach der Reiki-Behandlung sehr müde fühlst, ist auch das eine Heilungsreaktion. Dein Körper gibt dir eine sehr klare Botschaft, daß du Ruhe, vielleicht mehr Schlaf brauchst. Du tust dir selbst etwas sehr Gutes, wenn du dir diese Ruhepause wirklich gönnst.

Genauso, wie zum Beispiel Traurigkeit und Zorn als

Wachstumsschmerzen auftreten können, kann es ebenso ein Lachanfall oder Kichern sein. Diese Art von Gefühlsausbrüchen bringen große Erleichterung und sind sehr befreiend – du mußt sie nur einfach zulassen.

Für die innere Einstellung gegenüber Heilungsreaktionen ist es außerordentlich wichtig, daß du sie nicht beurteilst. Es gibt keine »guten« oder »schlechten« Wachstumsschmerzen, obwohl du sie persönlich wahrscheinlich als »positiv-gut« oder »negativ-schlecht« empfinden wirst.

Meine eigenen Heilungsreaktionen, die ich nach der Teilnahme am Seminar zum ersten Reiki-Grad hatte, möchte ich dir im folgenden Absatz beschreiben:

*Als Teenager litt ich ständig an Nasennebenhöhlenentzündungen. Einmal im Monat hatte ich in Verbindung damit schreckliche Kopfschmerzen und starken Schnupfen. Abgesehen davon, daß mir körperlich sehr elend war, fühlte ich mich depressiv und war kaum in der Lage, meinen täglichen Pflichten nachzugehen. Starke Antibiotika waren das einzige Mittel, das meine Beschwerden lindern konnte. Ich probierte andere Heilmethoden aus, die aber alle fehlschlugen, und so wurde die Nebenhöhlenentzündung chronisch. Als ich älter wurde, hatte ich mich an das Problem als einen unangenehmen Teil meines Lebens gewöhnt und gab es auf, nach einer Heilbehandlung zu suchen, die Erfolg versprach.*

*Ohne jemals eine Reiki-Behandlung bekommen zu haben, entschloß ich mich eines Tages, an einem Reiki-Seminar teilzunehmen. Ich war absolut erstaunt, als ich am Morgen nach dem Seminar alle körperlichen Symptome einer Nebenhöhlenentzündung hatte: Mir lief die Nase, ich mußte niesen und husten, und folglich mieden mich meine Freunde wegen der Ansteckungsgefahr. Da ich mich seelisch ungewöhnlich entspannt und glücklich fühlte und keine Anzeichen einer schlechten Stimmung oder*

*Depression hatte, erkannte ich, daß die körperlichen Symptome ein sehr tiefgreifender Reinigungsprozeß waren. Sie dauerten insgesamt eine Woche an, und seitdem habe ich außer einer leichten Erkältung dann und wann keine Probleme mehr mit meinen Nebenhöhlen.*

Eine interessante Erfahrung, die ich immer wieder mit meinen Schülern mache, besteht darin, daß Heilungsreaktionen bereits in dem Moment auftreten können, wenn sich jemand dazu entschlossen hat, Reiki zu lernen. Einige Tage, bevor das Reiki-Seminar stattfindet, ruft mich zum Beispiel jemand an, der den Kurs gebucht hat, und erkundigt sich besorgt, ob er überhaupt kommen soll. Auf meine Frage, warum er nicht mehr Reiki lernen wolle, sagt er: »Ich fühle mich schon seit Tagen nicht richtig wohl. Ich habe leichte Kopfschmerzen, und mit meiner Verdauung ist auch etwas nicht in Ordnung. Das kommt sonst nur sehr selten vor. Kann ich überhaupt Reiki lernen, wenn es mir nicht hundertprozentig gutgeht?«

Der Betreffende ist ein ausgezeichnetes Beispiel dafür, daß eine Heilungsreaktion – ein Prozeß der Reinigung – schon vor der Teilnahme an dem Seminar stattgefunden hat. Reiki hat in dem Moment angefangen zu wirken, in dem derjenige beschlossen hat, Reiki-Kanal zu werden. Natürlich ermutige ich in solchen Fällen dazu, am Seminar teilzunehmen, denn die Einweihungen zum Reiki-Kanal, die Selbstbehandlung und der weitere Kontakt mit der Reiki-Energie werden ihm helfen, den Selbstheilungsprozeß zu beschleunigen und sich bald besser zu fühlen.

Das Wichtigste, woran du dich erinnern mußt, ist folgendes: Du wirst nicht endlos in dem Unbehagen deiner Wachstumsschmerzen verweilen. Wenn du dich entweder nach einer Reiki-Behandlung oder nach den Einweihungen, die im Seminar vorgenommen werden, nicht sofort sehr gut fühlst, ist es um so wichtiger, dir selbst Reiki zu geben und es von anderen zu empfangen – den Kontakt mit der universellen Lebensenergie eben nicht zu unterbrechen.

## Kapitel 10

# Die Ganzkörperbehandlung

Bei der Ganzkörperbehandlung liegt dein Partner normalerweise auf einer Matratze, einer Massageliege oder auf einem Bett. Du, der Reiki-Kanal, sitzt auf einem Stuhl oder stehst entweder auf der rechten oder linken Seite deines Partners. Das Idealste für dich wäre eine Massageliege, die in der Breite und Höhe deinen Bedürfnissen angepaßt worden ist. Wenn du mit Reiki anfängst, weißt du oft noch nicht, wieviel du für die Ausstattung einer Reiki-Praxis investieren willst; deshalb mußt du vielleicht erst einmal mit kreativen und alternativen Ideen vorlieb nehmen: ein breiter Eßtisch kann zum Beispiel sehr praktisch sein, um Reiki zu geben, oder eine Sonnenliege. Für dich selbst mußt du immer sicherstellen, daß du dich wohlfühlst, wenn du Reiki gibst.

Fühlst du dich leicht schwindelig oder nicht geerdet, wenn du Reiki gibst, dann ist es besser für dich, daß du während der Reiki-Behandlung auf einem Stuhl sitzt und deine Füße zur Erdung flach auf dem Boden hast. Dein Kreislauf wird damit auch gekräftigt. Ergonomische Stühle helfen dir, während der Behandlung deinen Rücken zu entlasten.

Falls du während der Reiki-Behandlung lieber stehst, spreize deine Beine ein wenig. Dadurch wirst du in der Lage sein, deinen Rücken gerade zu halten, wenn du Reiki gibst, und das Kanalisieren der Energie wird dadurch für dich bequemer sein.

Wenn sich dein Partner auf die Massageliege oder die Matratze gelegt hat, um die universelle Energie zu empfangen, weise noch einmal auf folgende Punkte hin:

1. Bitte deinen Partner, die Augen zu schließen.

2. Weise darauf hin, daß du ein paar Minuten brauchst, um dich zu zentrieren und dich auf die Behandlung einzustimmen (lies auch im folgenden Kapitel nach: »Die Wichtigkeit des Zentrierens vor der Reiki-Behandlung«).

3. Laß deinen Partner wissen, daß du normalerweise während der Reiki-Behandlung nicht sprichst; es sei denn, daß unvorhergesehene Reaktionen auftreten, wie zum Beispiel unkontrolliertes Lachen oder Kichern, heftiges Weinen oder andere vehemente Gefühle, wie zum Beispiel Haß, Ärger oder Aggressionen.

In dem Augenblick, wo du mit dem Kanalisieren der Reiki-Energie beginnst, fangen manche Menschen an, über alles Mögliche – für sie scheinbar Wichtiges und Unwichtiges – zu reden. Dies kann ein Zeichen dafür sein, daß sie sich nicht wohlfühlen, wenn es um sie herum still ist, oder daß sie es vermeiden wollen, mit tieferen Schichten ihres Seelenlebens in Kontakt zu kommen. Wie du jetzt wahrscheinlich schon weißt, hilft Reiki deinem Partner, die Ursache für sein Problem aufzuspüren, und vielleicht hat er Widerstände dagegen entwickelt, sich offen seinen Problemen zu stellen. Du solltest seine Situation nicht analysieren. Statt dessen rate ich dir, entweder weiterhin zu schweigen und ihm bedingungslos zuzuhören, bis er von selbst still wird und es zulassen kann, in sich hinein zu hören. Oder du versuchst herauszufinden, warum er immer dann anfängt zu reden, wenn du schweigend die Reiki-Energie kanalisierst. Unterstütze ihn in seinen Bemühungen, und verurteile ihn nicht.

Am gesamten Verhalten deines Partners und besonders an seinem Gesichtausdruck wirst du unschwer erkennen, wenn er Schmerzen oder starkes Unbehagen während der Behandlung hat. Frage ihn, ob er möchte, daß du deine Hände woanders hinlegst oder vielleicht ganz und gar mit Reiki aufhören sollst. Scheint das Unbehagen unerträglich zu sein, nimm deine Hände für ein paar Minuten weg, und gehe dann zurück zu dem Bereich auf seinem Körper, den du vorher verlassen hast. Wenn du unsicher bist, frage einfach nach.

### A. Die Wichtigkeit, sich vor der Behandlung zu zentrieren

Die Reiki-Energie fließt in allen Situationen und unter allen Umständen, sobald du deine Hände auflegst. In einem gewissen Grad sind deshalb gar keine Vorbereitungsmaßnahmen notwendig, um die universelle Energie zu kanalisieren und strömen zu lassen. Trotzdem wirst du es wahrscheinlich als vorteilhaft empfinden, wenn du dich auf die Reiki-Behandlung dadurch vorbereitest, indem du dich in deinem Herz-Chakra zentrierst, das heißt, daß du dir Reiki in dein Herz-Chakra gibst. Du stimmst dich dabei bewußt auf den Reiki-Fluß ein und beginnst, dich auf die bevorstehende Reiki-Behandlung einzustellen. Der Vorgang des Zentrierens ist die Erfahrung deiner Mitte. Es gibt unterschiedliche Möglichkeiten, diesen Zustand schweigend zu erreichen:

*Sprich ein Gebet.*
*Benutze ein Mantra.*
*Meditiere.*
*Zeige deinem Partner gegenüber Respekt, und danke ihm.*
*Sei dankbar, daß du ein Kanal für die Reiki-Energie bist.*
*Ehre die Tradition von Reiki.*

Es bleibt vollkommen dir überlassen, wie du dich zentrierst; wichtig ist nur, daß du es nicht tust, um Aufmerksamkeit zu erregen. Es ist ein Akt, der in Stille vollzogen wird und in Demut, wobei deine Hände sanft auf deinem Herzen ruhen – dem Zentrum der Liebe ohne Bedingungen. Ein anderer Ausdruck für Reiki ist für mich »die Energie der Liebe ohne Bedingungen«. Ein paar Minuten des In-sich-Gehens werden dir helfen, dich genau darauf einzustimmen und eine Atmosphäre schaffen, die es dir ermöglicht, die Reiki-Behandlung mit dieser inneren Einstellung zu geben.

### B. Die Behandlung der Vorderseite

Wenn du mit der Reiki-Behandlung beginnst, stellst du durch die erste Handposition (Leber) auch den ersten körperlichen Kontakt zu deinem Partner her. Versuche den körperlichen Kontakt während der gesamten Behandlung nicht zu unterbrechen. Dein Partner könnte dösen oder eingeschlafen sein; vielleicht träumt er vor sich hin, »ist in eine andere Welt weggedriftet« oder hat den Sinn für die Realität während der Dauer der Behandlung verloren. Dadurch, daß du den Handkontakt aufrechterhältst, gibst du ihm das Gefühl der Sicherheit, Geborgenheit und körperlichen Verbundenheit, und er weiß immer, daß du da bist. Nimm deine Hände nur dann weg, wenn er sich umdreht und du den Rücken behandeln willst.

Als ich neu zum Reiki-Kanal eingeweiht worden war, hat mir die Vorstellung geholfen, daß die universelle Lebensenergie in mein Kronenchakra hineinfließt, dann durch meinen Körper strömt und durch das Auflegen meiner Hände zu meinem Partner gelangt. Ich massiere oder reibe nicht und übe auch keinen Druck oder keine Manipulation aus. Meine Hände und Arme sind still und liegen

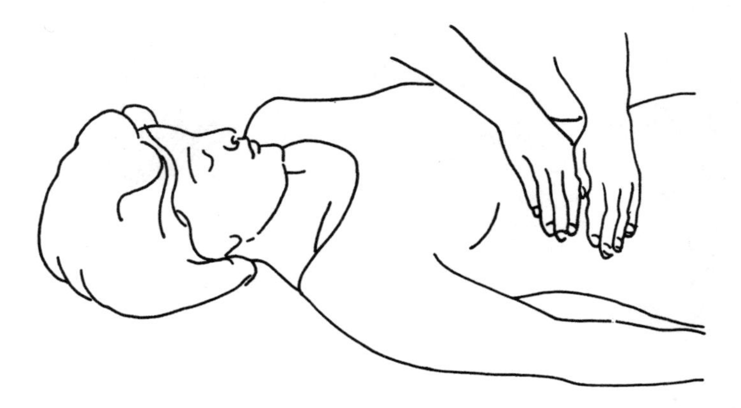

Ganzkörperbehandlung. Vorderseite, erste Position über der Leber.

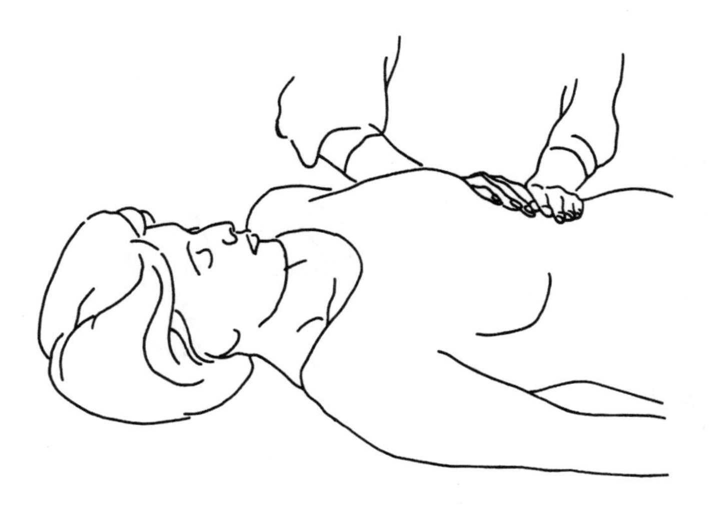

Ganzkörperbehandlung. Vorderseite, zweite Position über der Milz.

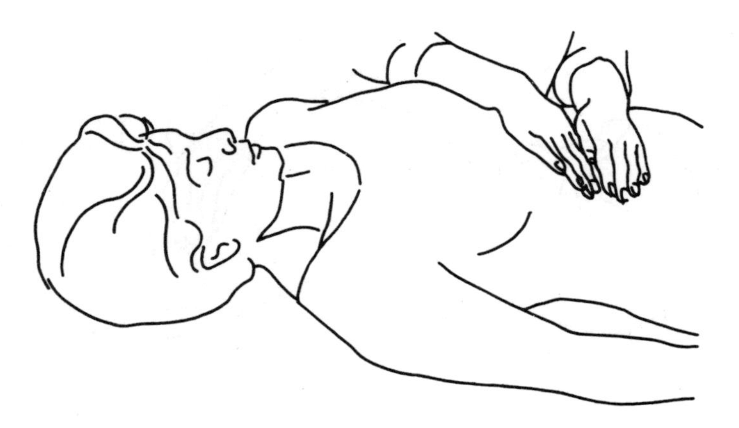

Ganzkörperbehandlung. Vorderseite,
dritte Position über dem Nabel.

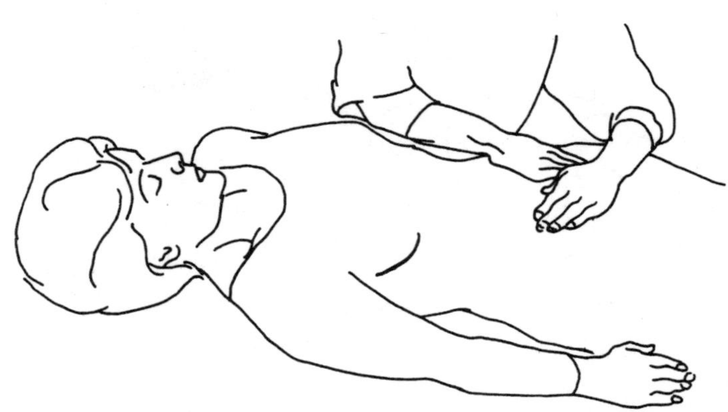

Ganzkörperbehandlung. Vorderseite,
vierte Position über dem Unterbauch (V-Position).

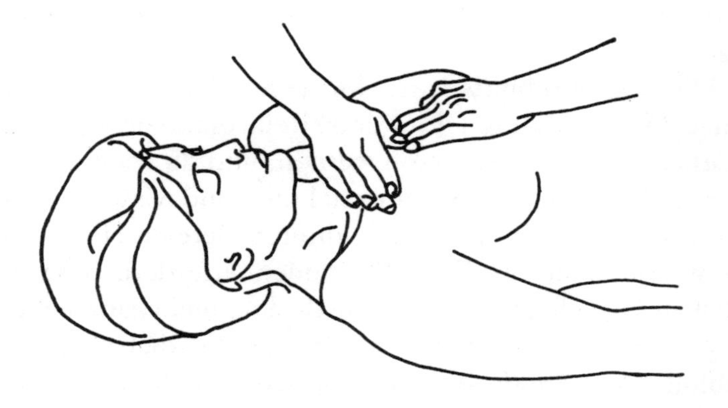

Ganzkörperbehandlung. Vorderseite, fünfte Position über Thymusdrüse und Herz-Zentrum (T-Position).

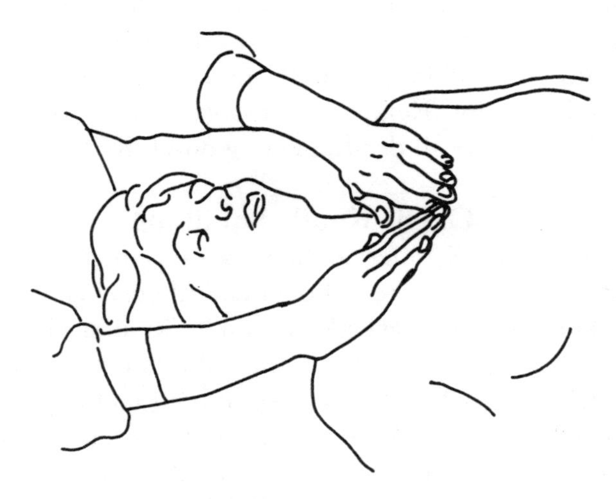

Ganzkörperbehandlung. Kopf, erste Position über dem Schlüsselbein.

mit ihrem normalen Gewicht sanft auf dem Körper meines Partners. Wenn ich mir nicht sicher bin, ob meine Hände zu leicht oder zu schwer sind, frage ich bei meinem Partner nach.

Die Durchschnittsdauer für jede Handposition ist ungefähr vier Minuten. Je öfter du Reiki praktizierst, desto stärker wird deine Intuition werden, und du wirst anfangen, auf deine innere Stimme zu hören und wissen, ob es angebracht ist, in einem bestimmten Bereich länger zu verweilen oder ob Extra-Positionen erforderlich sind: Reiki wird dich führen. Wenn du dir aber nicht ganz sicher bist – besonders als Reiki-Anfänger -, richte dich nach der Abfolge der Grundpositionen, die in diesem Kapitel abgebildet sind, denn mit ihnen kannst du nichts verkehrt machen.

Es ist egal, ob du während der Behandlung an der rechten oder linken Seite deines Partners sitzt oder stehst; wichtig ist aber aus meiner Sicht, daß du zuerst der Leber Reiki gibst. Sie ist das Organ, das unseren Körper von Giften und Abfallstoffen säubert, und sie am Anfang der Behandlung mit Reiki zu versorgen, unterstützt den gründlichen Prozeß der Reinigung durch Reiki.

## C. Die Kopfbehandlung

Manche Reiki-Schüler ziehen es vor, mit dem Kopf anstelle der Vorderseite zu beginnen. Abgesehen von dem Aspekt der Reinigungswirkung von Reiki, den ich im vorherigen Abschnitt erwähnt habe, gibt es einen außerordentlich praktischen Grund, warum ich nicht gerne mit der Behandlung des Kopfes anfange. Die Hände sind bei Beginn der Behandlung oft noch kalt oder kühl, erwärmen sich aber schnell im Laufe der Behandlung, und das gibt deinem Partner ein wohliges Gefühl. Für den Reiki-Fluß

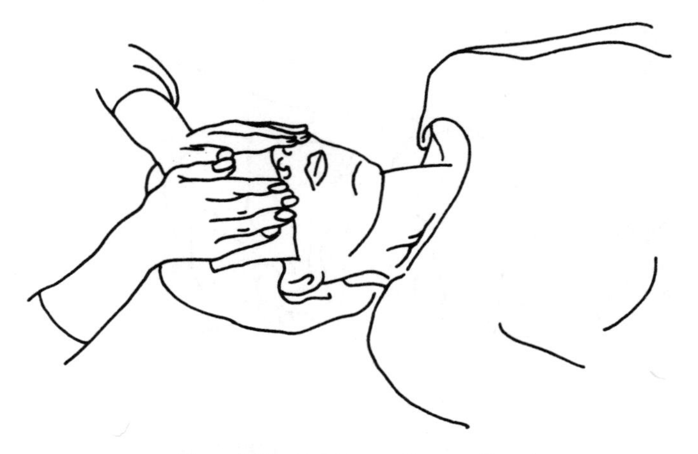

Ganzkörperbehandlung. Kopf,
zweite Position über den Augen.

Ganzkörperbehandlung. Kopf,
dritte Position über den Ohren/Schläfen.

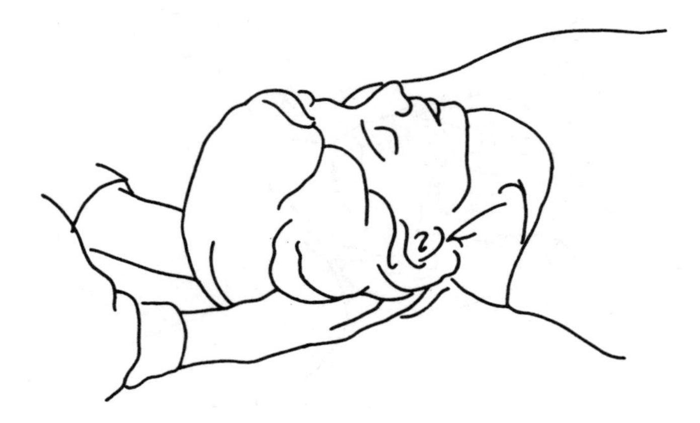

**Ganzkörperbehandlung. Kopf, vierte Position, Rückseite des Kopfes.**

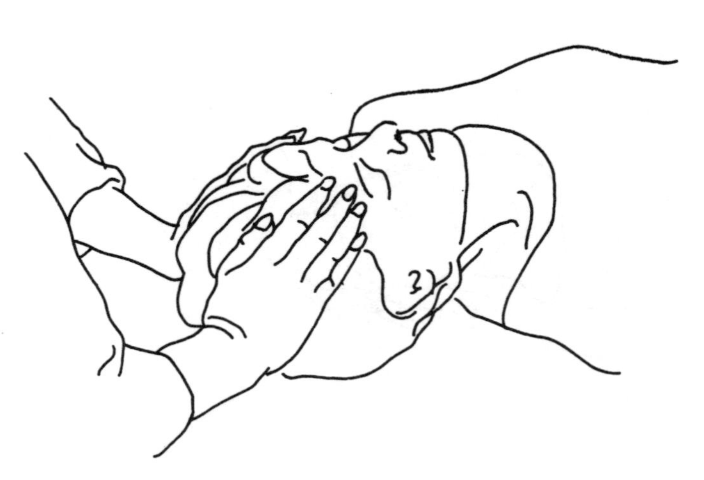

**Ganzkörperbehandlung. Kopf, fünfte Position über dem Scheitelpunkt des Kopfes.**

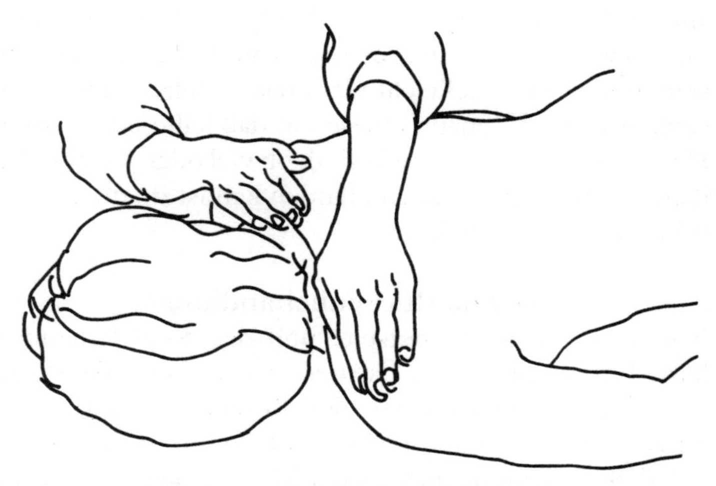

Ganzkörperbehandlung. Rückseite,
erste Position über den Schultern.

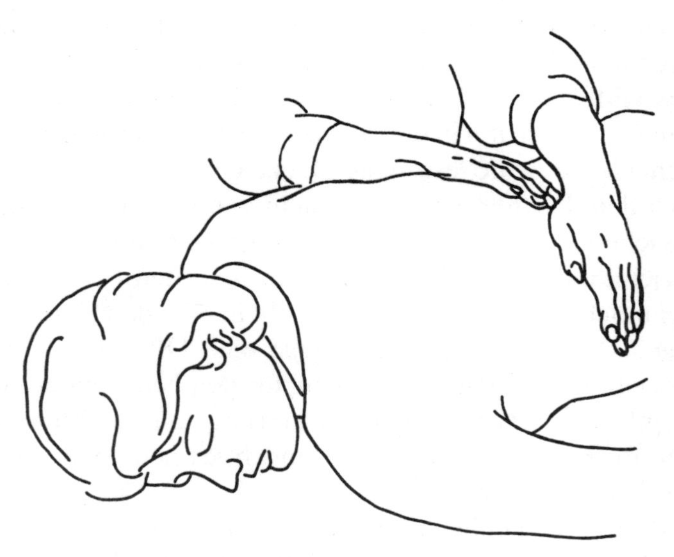

Ganzkörperbehandlung. Rückseite,
zweite Position über den Nieren.

spielen kalte oder warme Hände überhaupt keine Rolle; für deinen Partner kann es aber von großer Bedeutung sein, und er mag vielleicht nicht das Gefühl von Kälte an seinem Kopf. Vergegenwärtige dir, daß kalte oder warme Hände kein Ausdruck dafür sind, ob viel oder wenig Reiki fließt; selbst mit eiskalten Händen kannst du die universelle Energie kanalisieren.

## D. Die Rückenbehandlung

Nachdem du die Vorderseite und den Kopf behandelt hast, bittest du deinen Partner, sich auf den Bauch zu legen. Du magst vielleicht den Körperkontakt für sehr kurze Zeit völlig unterbrechen, aber achte trotzdem darauf, daß du dicht bei ihm an der Massageliege bleibst, da er sich ein wenig desorientiert oder schwindelig fühlen kann. Manchen Menschen – älteren Personen oder solchen, die starke Schmerzen haben – mußt du eventuell auch beim Umdrehen behilflich sein. Das kleine Kissen, das vorher unter den Kniekehlen war, kommt unter die Knöchel; hülle ihn in eine Decke ein und schlage gegebenenfalls die Arme fest in die Decke ein, so daß sie, wenn sich dein Partner entspannt, nicht von der Massageliege rutschen und herunterhängen. Das große Kissen brauchst du jetzt wahrscheinlich nicht mehr, es sei denn, dein Partner möchte es sich unter das Brustbein oder den Unterleib legen. Wenn deine Massageliege eine Öffnung für das Gesicht hat, ist das sehr günstig für den Nacken und die Kopfhaltung. Eine weiche Polsterung um die Öffnung herum (Schal oder Handtuch) macht es noch bequemer für deinen Partner.

Bei der Rückenbehandlung ist es unerheblich, ob du auf der linken oder rechten Seite beginnst. Die Wirbelsäule dient dir als Mittellinie, an die du entweder die Fingerspitzen oder dein Handgelenk legst, wobei du am oberen Ende des Rückens im Nackenbereich anfängst. Die Bedeutung der einzelnen Handpositionen wird anhand der Abbildungen erklärt.

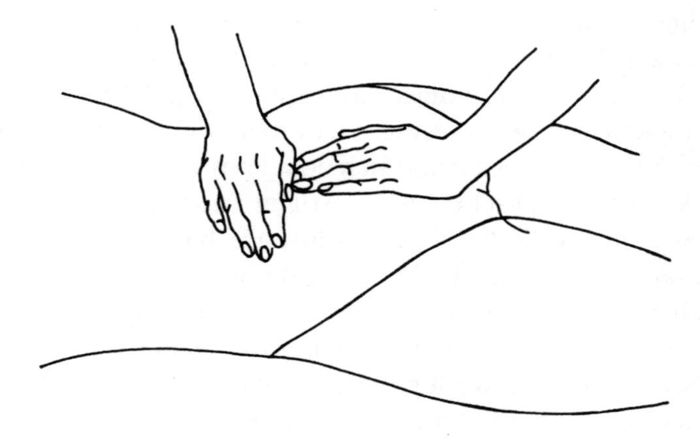

**Ganzkörperbehandlung. Rückseite, dritte Position über dem Becken, am unteren Ende der Wirbelsäule (T-Position).**

## E. Die Behandlung der Beine und Füße & die Wichtigkeit der Erdung nach der Reiki-Behandlung

Eine knappe Stunde hast du deinem Partner jetzt Reiki gegeben, und nun ist es Zeit, die sehr wichtige Endphase der Behandlung einzuleiten: das Kanalisieren von Reiki in Beine und Füße. Die Handpositionen in den Kniekehlen und auf den Fußsohlen dienen dem Prozeß der Erdung deines Partners. Du hilfst ihm damit, in die Wirklichkeit zurückzukommen und wach zu werden. Für die Dauer der Reiki-Behandlung befand sich dein Partner in einem ganz besonderen seelischen und geistigen Zustand. Die sanfte und dennoch kraftvolle Reiki-Energie hat ihn vielleicht befähigt, mit seinen Gefühlen in Berührung zu kommen, sich Probleme anzusehen und Verantwortung für seine Selbstheilung zu übernehmen; das kann entweder bewußt oder unbewußt geschehen. Auch wenn er einfach einen sehr tiefen Entspannungszustand erreicht hat oder »nur« eingechlafen ist, braucht er ein erdendes Element, um auf den Boden der Wirklichkeit zurückzukommen und den alltäglichen Pflichten gegenübertreten zu können.

Reiki in Beine und Füße zu geben ist nicht nur wichtig zum Zweck der Erdung, sondern auch für die Blutzirkulation. Wenn jemand zum Beispiel unter kalten Füßen und Krampfadern leidet, solltest du Extra-Positionen anwenden, bei denen du die gesamte Länge der Beine mit Reiki behandelst.

Vergiß auf keinen Fall die Fußsohlen. In ihnen befinden sich die Fußreflexpunkte, die wiederum deinen Körper mitsamt all seinen Organen repräsentieren. Wenn du Reiki also in die Fußsohlen gibst, erreicht die Energie alle Organe des Körpers.

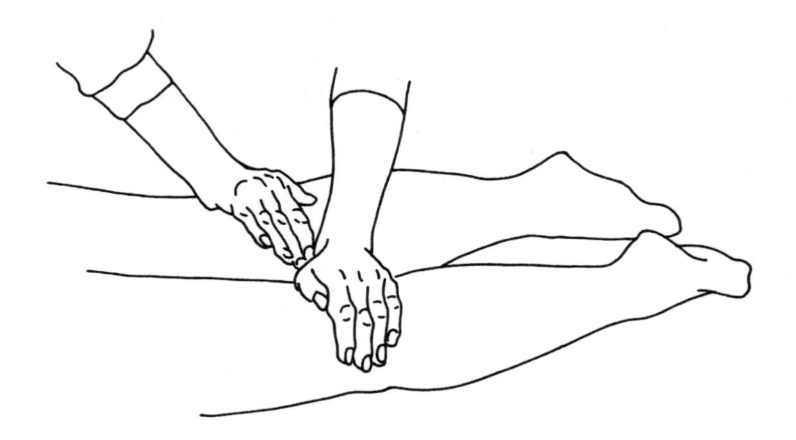

Ganzkörperbehandlung. Rückseite,
vierte Position über den Kniekehlen.

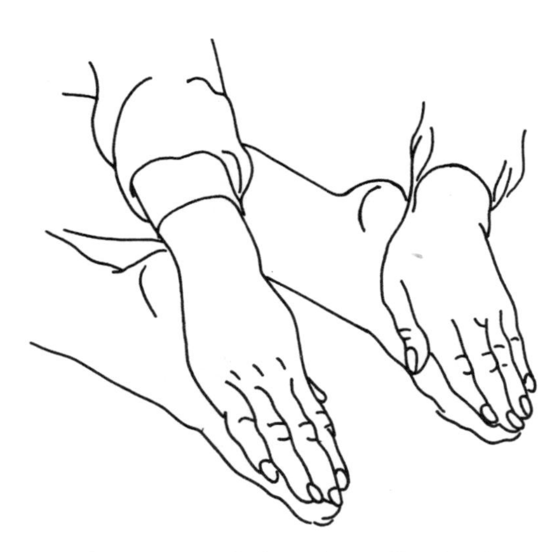

Ganzkörperbehandlung. Rückseite,
fünfte Position über den Fußsohlen.

Bist du dir nicht sicher, welcher Teil des Körpers behandelt werden soll, halte die Füße deines Partners und laß die Reiki-Energie fließen. Sie wird ihren Weg dorthin finden, wo sie am meisten gebraucht wird. Diese Handposition ist nicht nur sehr wirksam, sondern fühlt sich auch äußerst angenehm an.

## Kapitel 11

# Die Reiki-Kurzbehandlung

Das Ideal einer Ganzkörperbehandlung, so wie ich sie im vorigen Kapitel beschrieben habe, kann nicht immer eingehalten werden, da du oder dein Partner entweder nicht die nötige Zeit habt oder es an den geeigneten Räumlichkeiten fehlt. Eine praktische und wirkungsvolle Alternative ist die Reiki-Kurzbehandlung, auch Schnellbehandlung genannt. Sie kann unter fast allen erdenklichen Umständen gegeben werden, zum Beispiel im Büro, wenn du einen Freund besuchst und keine Massageliege verfügbar ist, auf einer Parkbank oder im Bus.

Alles, was du benötigst, sind natürlich deine Reiki-Hände und etwas, worauf sich dein Partner setzen kann. Er kann einen Heuballen, einen Hocker, einen Stuhl mit Lehne oder einen Sessel benutzen – es spielt keine Rolle. Ist bei der Sitzgelegenheit eine Rückenlehne vorhanden, denke daran, daß Reiki durch jegliches Material fließen wird, also wird es auch durch eine Holzlehne oder die dicke Polsterung eines Sessels gehen. Trägt deine Partnerin Schuhe mit hohen Absätzen, bitte sie, diese auszuziehen, damit sie ihre Füße flach auf den Boden stellen kann. Wenn du die Behandlung draußen gibst und es kalt sein sollte, ist diese Idee nicht angebracht.

Die Arme und Hände deines Partners sollten unverschränkt und entspannt auf den Oberschenkeln liegen und die Augen geschlossen sein. Dies ist zwar kein »Muß«, wird aber deinem Partner helfen, sich von seiner Umgebung nicht ablenken zu lassen und somit einen tieferen Entspannungszustand zu erreichen – vor allen Dingen, wenn noch andere Personen in demselben Raum sind und er sich beobachtet fühlt.

Für die Kurzbehandlung mußt du genug Platz haben, um hinter deinem Partner und/oder an seiner Seite zu stehen oder zu sitzen; ob rechts oder links von ihm, ist dabei nicht wichtig. Wenn du den Unterleib deines Partners behandelst, möchtest du dich vielleicht auf einen niedrigen Hocker setzen oder dich auf den Boden knien (leg dir ein Kissen unter die Knie, das schont die Kniegelenke). So vermeidest du eine unnötige Belastung deines Rückens, deiner Schultern und Arme, wenn du Reiki kanalisierst.

Findet die Reiki-Behandlung in der Öffentlichkeit statt, ist es deiner persönlichen Wahl überlassen, ob und wie du dich darauf vorbereitest. Den Umständen entsprechend kannst du deinem Partner und anderen Personen, die sich im selben Raum befinden, erklären, daß du dich zentrieren möchtest, indem du beide Hände auf dein Herz legst. Vielleicht ist es auch passender zu sagen, daß du für ein paar Momente mit geschlossenen Augen meditieren möchtest, um dich innerlich auf Reiki einzustimmen. Gib deinem Partner aber nicht den verkehrten Eindruck, daß für den Reiki-Fluß und damit das Ergebnis der Behandlung deine absolute Konzentration erforderlich ist. Um ein paar Minuten Stille für dich zu haben, kannst du dich auch ins Badezimmer zurückziehen. Wie du siehst, sind deiner Kreativität keine Grenzen gesetzt, sie muß nur der Gelegenheit und den Umständen angepaßt werden.

Es gibt sechs Grundpositionen für die Kurzbehandlung, die auf den folgenden Seiten abgebildet sind. Wenn du jede davon vier bis fünf Minuten ausführst, dauert die Behandlung ungefähr eine halbe Stunde. Das ist eine gute Alternative zur Ganzkörperbehandlung, die mehr als eine Stunde Zeit in Anspruch nimmt.

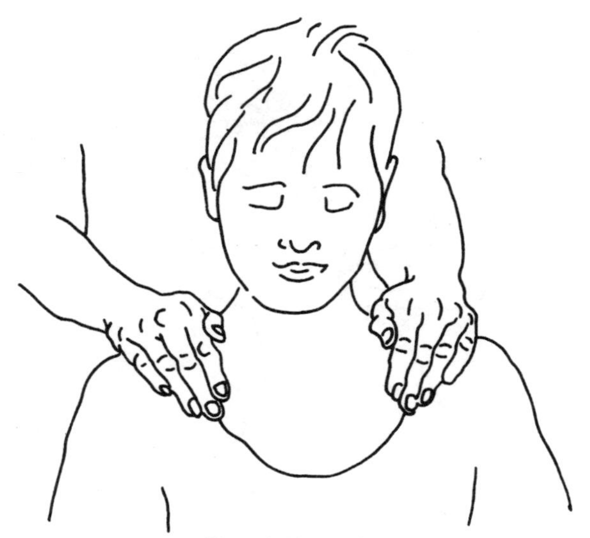

Kurzbehandlung.
Erste Position, Hände auf den Schultern.

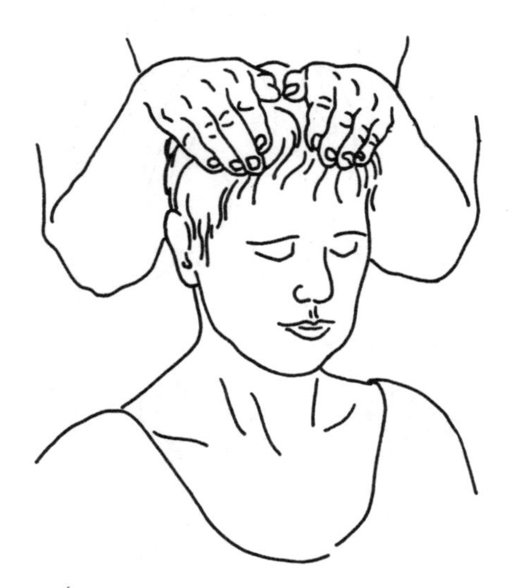

Kurzbehandlung.
Zweite Position, Hände auf dem Scheitelpunkt des Kopfes.

Kurzbehandlung. Dritte Position,
eine Hand auf der Stirn, die andere an der Schädelbasis.

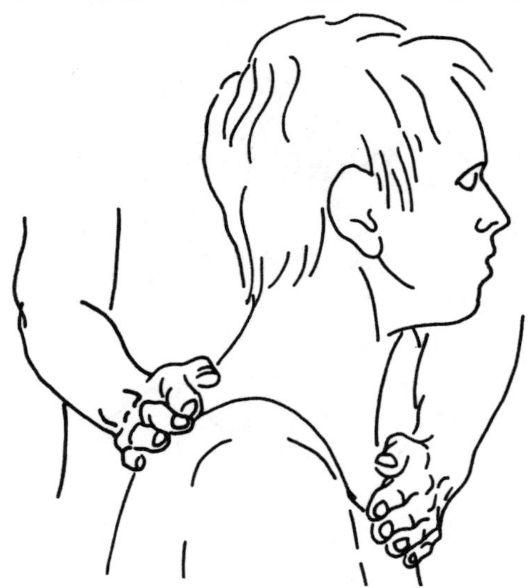

Kurzbehandlung. Vierte Position, eine Hand über dem
Herz-Zentrum, die andere zwischen den Schulternblättern.

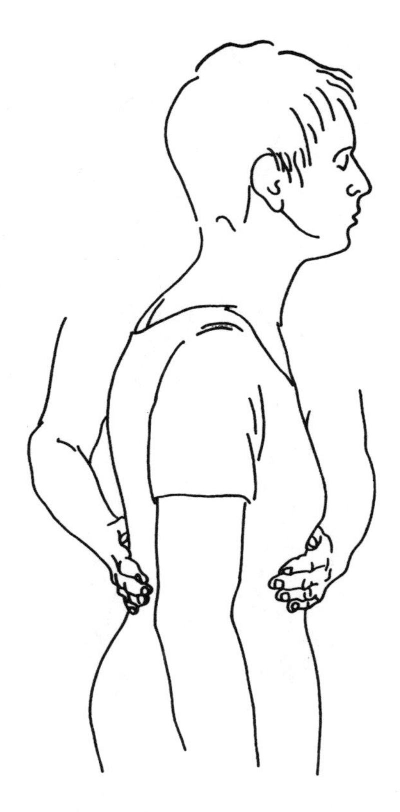

**Kurzbehandlung. Fünfte Position, eine Hand auf dem Solarplexus, die andere über der Gürtellinie.**

1. Zentriere dich im Herzchakra, wenn es den Umständen angemessen ist.

2. Stelle den ersten Körperkontakt her, indem du deine Hände sanft auf die Schultern legst. Reiki fängt jetzt an, zu deinem Partner zu fließen (Zeichnung auf Seite 117).

3. Lege beide Hände auf den Scheitel; vermeide jede Art von Druck oder Gewicht. Du kannst hinter oder neben (egal auf welcher Seite) deinem Partner stehen (Zeichnung auf Seite 117).

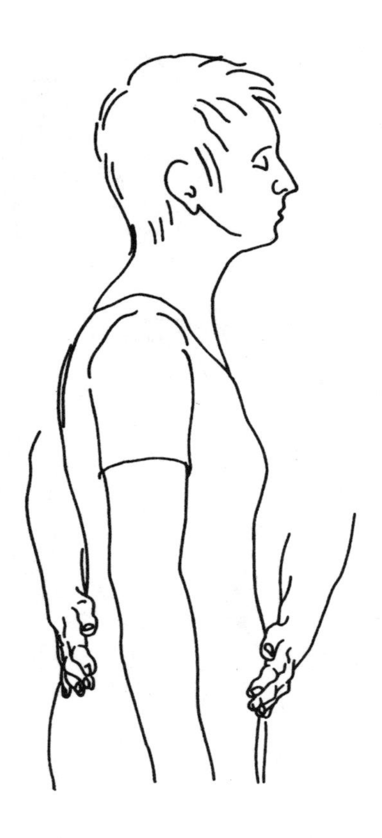

**Kurzbehandlung. Sechste Position, eine Hand auf dem Unterbauch, die andere am Becken (unteres Ende der Wirbelsäule).**

4. Eine Hand liegt auf der Stirn, die andere knapp über dem Nacken (Zeichnung auf Seite 118).

5. Eine Hand liegt auf dem Brustbein (Herzchakra), die andere befindet sich zwischen den Schulterblättern (Zeichnung auf Seite 118).

6. Eine Hand liegt auf dem Magen (ungefähr auf dem Nabel), die andere knapp über den Nieren. Anders ausge-

drückt: Stelle dir die Gürtellinie deines Partners vor, und lege eine Hand vorne, die andere hinten hin (Zeichnung auf Seite 119).

7. Die eine Hand liegt am Steißbein, die vordere Hand kann auf der Gürtellinie (Nabel) liegenbleiben, wenn du einen Partner des anderen Geschlechts behandelst und du seine Intimsphäre taktvoll respektieren möchtest. Die vordere Hand kann weiter nach unten auf den Unterleib (ungefähr in Höhe des Schambeins) gelegt werden, wenn du mit dem Partner vertraut bist (Zeichung auf Seite 120).

8. Am Ende der Behandlung erdest du deinen Partner durch Reiben und Massieren des Nackens, der Schultern und des Rückens. Laß ihn wissen, daß die Behandlung beendet ist.

Wahrscheinlich ist dir aufgefallen, daß du bei der Kurzbehandlung Reiki in die Hauptchakren gibst: in das Kronenchakra, das Stirnchakra (Drittes Auges), das Herzchakra, das Sonnengeflecht, das Sakralchakra und das Wurzelchakra. Das fünfte Chakra, Kehlkopf- oder Kommunikationschakra genannt, ist nicht Teil der Kurzbehandlung, da Reiki in diesem Bereich vielfach Unbehagen auslöst. Gewöhnlich hat dein Partner dort ein Gefühl des Eingeschnürtsein und der Beengung, was sich in Unruhe und Ungeduld ausdrücken kann. Ich lasse diese Position aus diesen Gründen meistens aus; falls ich sie jedoch als Extra-Position anwenden möchte, achte ich genau auf jegliche Reaktionen, die mein Partner haben könnte.

Erinnere dich daran, daß du die Reiki- Kurzbehandlung den Umständen anpassen mußt, und das kann bedeuten, daß du auch die Schnellbehandlung noch verkürzen mußt, um den Bedürfnissen deines Partners oder deinen eigenen gerecht zu werden. Kinder zum Beispiel werden nicht lange stillsitzen, um Reiki zu empfangen, oder wenn jemand ängstlich und skeptisch ist, wirst du ebenfalls nicht erwarten können, daß er eine halbe Stunde lang auf dem Stuhl sitzenbleibt. Laß Reiki solange fließen, wie sich dein Partner wohlfühlt, und wenn es nur für ein paar wenige Minuten ist. Wenig Reiki ist besser als keines!

## Kapitel 12

# Reiki und übersinnliche Fähigkeiten – »Kannst du die Probleme anderer aufnehmen?«

Verwechsle das Sich-Einstimmen auf oder Einfühlen in die Symptome deines Partners nicht mit übersinnlichen Fähigkeiten und Telepathie. Es handelt sich bei dir um deine Empfindsamkeit, sich auf ein Problem oder ein Gefühl einzustellen und nachzufühlen, was der Partner, dem du gerade Reiki gibst, durchmacht und fühlt. Übersinnliche Fähigkeiten sind keine Voraussetzung, um Reiki-Kanal zu werden; auf der anderen Seite passiert es häufig, daß sich Intuition und Sensitivität verbessern und du mit tieferen Schichten deines Bewußtseins in Berührung kommst, sobald du die Reiki-Einweihungen erhalten hast und Reiki in deinem Leben praktizierst. Das Erwecken dieser Fähigkeiten, die bis jetzt in dir geschlummert haben, kannst du dir so vorstellen, als wenn ein Vorhang, der deine Wahrnehmung verschleiert hat, hochgehoben wird. Laß dich auf die neue Ebene der Wahrnehmung ohne Angst und Verwirrung ein. Nimm sie an als das, was sie ist: ein wunderbares und bereicherndes Geschenk, das Reiki dir gegeben hat. Benutze es weise und verantwortungsvoll.

Reiki-Schüler machen sich oft Gedanken darüber, ob es möglich ist, daß sie die Probleme – Gefühle, seelische Probleme und körperliche Beschwerden – des Reiki-Empfängers aufnehmen. Zwar wissen sie, daß Reiki universelle Lebensenergie ist, nur positive Heilkraft kanalisiert und alle negative Energie oder schlechten Schwingungen weggenommen oder weggespült werden, aber dennoch bleibt ein kleiner Zweifel bestehen. Ich kann dir versichern, daß du als Reiki-Kanal nichts aufnehmen wirst, sondern geschützt bist. Dieser Prozeß wirkt auch entgegengesetzt. Wenn du selbst krank bist und Reiki gibst, wirst du deine Krankheit oder deine Probleme nicht auf deinen Partner übertragen, da nur positive Heilkraft durch deinen geöffneten Energie-Kanal fließt. Es bleibt dir überlassen, eine Behandlung abzusagen, wenn du dich nicht wohl fühlst, aber die Begründung dafür ist dann nicht, daß du negative Energie kanalisieren wirst. Sei ehrlich mit dir, und gestehe dir zu, daß du zu müde, schlapp und krank bist oder einfach keine Lust hast.

Ich glaube ganz fest, daß die Reiki-Einweihungen dich vor Krankheiten und seelischen Problemen, die deinen Partner belasten, schützen. Sei dir aber bewußt, daß du dich möglicherweise in dem Ausmaß auf deinen Partner einstimmen kannst, daß du den gleichen oder ähnlichen körperlichen Schmerz und dasselbe oder ähnliche seelische Unbehagen durchlebst wie dein Partner. Manche Schüler machen diese Erfahrung sehr oft, was allerdings nicht bedeutet, daß sie dem Reiki-Empfänger die Krankheit oder das Problem abnehmen. Jegliche unangenehme Erfahrung sollte vorbei sein, wenn die Behandlung beendet ist. Falls irgendeine der Beschwerden andauert, prüfe dich selbst und stelle dich gegebenenfalls in Frage, denn du hast die Wahl – bewußt oder unbewußt – getroffen, das Unbehagen, die Krankheit oder das seelische Problem auf dich zu nehmen und immer noch in dir zu tragen und zu spüren. Reiki kann dafür nicht verantwortlich gemacht werden.

Vielleicht gerätst du irgendwann einmal in die Versuchung, eine Reiki-Behandlung besonders gut machen zu wollen und möchtest deinem Partner außerordentlich viel Heilkraft geben. Das Ergebnis deiner gutgemeinten Bemühungen kann sein, daß du dich nach der Behandlung erschöpft fühlst und die Probleme deines Partners aufgenommen hast. Verwechsle die Reiki-Kraft nicht mit deiner eigenen Energie: Die erste ist endlos und fließt immer, die zweite ist deine eigene und in begrenztem Maß vorhanden – je nachdem, wie du dich gerade körperlich, geistig und seelisch fühlst. Wenn du deine Motive hinterfragst und untersuchst, wirst du merken, daß dir dein Ego im Wege gestanden hat und du ein bestimmtes Ergebnis von der Reiki-Behandlung erwartet oder dir gewünscht hast. Aus welchem Grund auch immer, du wolltest den Selbstheilungsprozeß deines Partner beinflussen. Erinnere dich daran, daß Reiki deinem Partner immer den größtmöglichen Nutzen bringen wird, und du kannst nicht vorherbestimmen, was dies für deinen Partner sein wird.

Passiert es dir, daß Symptome, die du aufgenommen hast, nach der Behandlung nicht verschwunden sind und du deine Beweggründe überprüft hast mit der Schlußfolgerung, daß du nicht deine eigene persönliche Energie benutzt hast, dann möchte ich dir einen praktischen Ratschlag erteilen, wie du mit der Situation umgehen kannst. Sage im stillen sinngemäß etwa: »Das Gefühl (oder Problem), das ich im Moment habe (benenne das Gefühl oder Problem genau), ist nicht meines. Ich möchte es nicht mehr haben und lasse es daher los.«

Es ist immer gut, genau zu wissen und zu unterscheiden, wann ein Schmerz dein eigener ist oder daraus resultiert, daß du etwas von den Beschwerden deines Partners aufgenommen hast. Unnötige Anspannung in deinen Armen und Schultern oder die falsche Höhe des Stuhles, auf dem du sitzt, führen manchmal zu Unbehagen; in diesem Falle kannst du leicht Abhilfe schaffen, wenn du dich bequemer hinsetzt. Je mehr praktische Erfahrung du im Reiki-Geben haben wirst, desto leichter wird es dir fallen zu sehen, woher ein Problem stammt, und desto klarer wirst du darin werden, wie du damit umgehen willst. Nimm Reiki als deinen Lehrer an und nicht dein Ego.

Ziehe bitte nicht den verkehrten Schluß, daß du ein besserer Kanal bist, wenn du die Schmerzen deines Partners fühlst. Dies ist ein Trugschluß und stimmt absolut nicht. Es gibt keinen Grund und keine Rechtfertigung, warum du seine Schmerzen spüren mußt, um mit ihm in Einklang zu sein und dich auf ihn einzustimmen. Seinen Selbstheilungsprozeß wirst du dadurch auch nicht beschleunigen.

Es gibt ab und zu Reiki-Schüler, die lernen wollen, sich auf den Partner einzustimmen. Ich rate ihnen davon ab, da ich es ein wenig riskant finde aus den folgenden drei Gründen: Erstens, wenn dieser Prozeß sich nicht natürlich entwickelt, du ihn dir statt dessen aneignen mußt, dann bist du wahrscheinlich nicht bereit für diese Erfahrung. Zweitens, wenn du dich zu sehr anstrengst, wirst du dich selbst ermüden. Drittens, wenn sich dein Hauptinteresse auf den Einstimmungsprozeß lenkt, entgeht dir vielleicht eine momentan wichtigere Erfahrung.

Um dieses Kapitel noch einmal zusammenzufassen:

- Du kannst dich nicht anstecken, denn du bist mit Reiki immer geschützt.
- Du stimmst dich auf die Probleme deines Partners ein, nimmst sie aber nicht auf.
- Falls du sie dennoch aufgenommen zu haben scheinst, war das zum Zeitpunkt der Behandlung deine eigene Wahl. Wenn du willst, kannst du eine neue Wahl treffen.

– Wenn du dich auf Probleme deines Partners eingestimmt hast, benutze diese Information nicht zum Zwecke einer Diagnose.

# Kapitel 13

# Reiki in besonderen Lebenssituationen

## A. Reiki in der Schwangerschaft

Reiki ist ein kraftvolles und segensreiches Geschenk, das du dir und deinem Baby gibst, wenn du schwanger bist – das gilt sowohl für die Dauer der Schwangerschaft als auch für den Geburtsvorgang selbst. Wenn du, die Mutter, als Reiki-Kanal eingeweiht bist, bist du in der Lage, die universelle Lebensenergie dir und deinem ungeborenen Baby gleichzeitig zu geben, und ihr habt beide den Nutzen aus der Reiki-Heilkraft.

Besuchst du ein Reiki-Seminar und bekommst die Reiki-Einweihungen und Reiki-Behandlungen, achte darauf, ob und wie dein Baby auf die Energie reagiert. Reiki kann niemals Schaden anrichten, aber vielleicht wirst du überrascht sein von einer unerwarteten Reaktion, die dein Baby zeigt. Es kann sich in deinem Bauch mehr bewegen, strampeln und boxen, oder es kann auch sehr still werden. Dein Baby – mag es noch so winzig sein – ist sich der Energie sehr bewußt und wird auf sie reagieren.

*Eine Teilnehmerin an meinem Reiki-Seminar war im sechsten Monat schwanger. Ihre Absicht, Reiki zu lernen, resultierte aus dem Wunsch, eine unkomplizierte Geburt zu haben, denn sie hatte bei den anderen vier Kindern, die sie zur Welt gebracht hatte, immer sehr langwierige und schmerzhafte Wehen gehabt.*

*Als ich ihr die Reiki-Einweihungen gab, schien sie nicht entspannt zu sein, sondern wurde ruhelos und sehr blaß. Später erzählte sie mir, daß sie einen großen Schreck bekommen habe, als ich mit der Einweihung anfing; denn das sonst sehr aktive*

*Baby wurde plötzlich so ruhig, wie sie es nicht erwartete, und ihre größte Angst war, daß es nicht mehr lebte.*

*Als sie Monate später ihre Wehen bekam und ins Krankenhaus mußte, rief ihr Mann mich an, ob ich ihr Reiki-Fernbehandlungen schicken könnte, was ich mit großer Freude tat. Ein paar Tage später erhielt ich dann einen Anruf von ihr, und sie war überglücklich, als sie mir berichtete, daß sie in nur vier Stunden einen gesunden Jungen zur Welt gebracht hatte. Die Ärzte waren sehr verblüfft über diese Geburt, da auf Grund ihrer Krankengeschichte und der vorherigen Geburten mit starken Komplikationen gerechnet werden mußte.*

Wie ich in dem Fallbeispiel geschildert habe, ist Reiki nicht nur eine tiefe und interessante Erfahrung für Mutter und Baby während der Schwangerschaft, sondern auch sehr unterstützend für den Geburtsvorgang. Wenn du ein Reiki-Kanal bist, höre nicht auf, dir selbst so lange Reiki zu geben, wie es dir wegen eventueller Schmerzen möglich ist. Der Unterleib ist eine gute Handposition, aber manche Frauen ziehen das Herzchakra vor – du wirst intuitiv das Beste für dich und das Baby tun. Es ist eine nicht zu unterschätzende Hilfe, wenn du jemanden bei dir hast, der auch Reiki geben kann – vielleicht dein Mann, eine gute Freundin oder ein anderes Familienmitglied. Während du dich auf deinen Bauch konzentrierst, wird dein Reiki-Partner oder deine Reiki-Partnerin dir Reiki auf deinen Rücken, zwischen die Schulterblätter oder auf den unteren Rückenbereich geben. Viele Mütter bestätigen, daß eine »Reiki-Geburt« entspannter und reibungsloser vonstatten geht als eine Geburt, wo keine Reiki-Energie unterstützend eingesetzt wurde.

Ich möchte dir noch zwei allgemeine Hinweise für Reiki-Behandlungen bei Schwangeren geben:

1. Im Spätstadium ist es für die Schwangere nicht mehr angebracht, auf dem Bauch oder Rücken zu liegen. Bitte sie daher, es sich auf der Seite bequem zu machen. Lege ein oder mehrere Kissen unter die Bauchwölbung, um das Gewicht zu stützen, und eines zwischen die Beine. So wird sie mühelos für die Dauer der Behandlung liegen können.

2. Da du nicht weißt, wie Mutter und Baby auf die Energie reagieren, sei sehr wachsam. Wenn Zeichen von Unbehagen oder Schmerzen bei der Mutter auftauchen und ungewohnte Bewegungen des Babys im Mutterleib zu spüren sind, gehe sanft zu einer anderen Handposition über. Es ist eine gute Idee, sich mit Worten zu vergewissern, ob die Behandlung als angenehm empfunden wird oder nicht. Frage die werdende Mutter einfach, welche Handpositionen sich wohliger anfühlen als andere. Sie weiß am besten, wo sie deine Reiki-Hände haben möchte, und bitte lege sie dementsprechend dann dorthin.

Jede Schwangerschaft ist von großen Höhen und Tiefen im seelischen Bereich begleitet, und oft bringt Reiki Gefühle an die Oberfläche, die bislang unterdrückt waren. Jegliche Art von Empfindungen kann hochkommen, angefangen von körperlichem Unwohlsein und Schmerz, Angst vor der Verantwortung und der Geburt, Erwartung und Freude vor dem Unbekannten, bis hin zum Gefühl der Seligkeit und vollkommenen Überwältigung. Reiki wird die werdende Mutter durch diese sehr intensive Zeit hindurch sehr kraftvoll begleiten.

## B. Reiki bei Babys und Kindern

Ein Baby hat eine Seele wie du und ich; der Unterschied zu uns ist nur, daß seine Seele noch in einem kleinen Körper wohnt. Selbst wenn du jetzt schon viel über Reiki gelernt hast, möchte ich deine Aufmerksamkeit trotzdem auf einige Punkte lenken, die mir bei der Behandlung eines Babys wichtig erscheinen.

Da es einen viel kleineren Körper hat, wirst du mit deinen Händen einen größeren Bereich bedecken. Nach wie vor ist es sinnvoll, mit der Leber anzufangen; du wirst aber wahrscheinlich mit ein und derselben Position, bedingt durch die Größe deiner Hände, außerdem auch noch die Milz und Teile des Darms mitbehandeln.

Allein dadurch, daß du es berührst und auf dem Arm hältst, gibst du ihm die Reiki-Energie. Bei einem Neugeborenen brauchst du nicht mehr als das zu tun. Eine bestimmte Abfolge von Handpositionen, wie ich sie dir vorgeschlagen habe, ist unnötig.

Ein Baby mag Reiki an den Füßen ganz besonders. Halte seine winzigen Füßchen fest, ohne sie zu kitzeln, und Reiki wird fließen.

Eine gute Position ist es auch, eine Hand auf dem Bauch und die andere auf dem oberen Rücken zu haben. Das ist sowieso eine ganz natürliche Art und Weise, wie eine Mutter ihr Baby hält. Zusammen mit dem Reiki-Fluß wird das dem Baby noch mehr Gutes tun, vor allen Dingen, wenn es von Schmerzen gequält wird, wie zum Beispiel Blähungen.

Babys und Kleinkinder werden für eine Reiki-Behandlung nicht still auf einer Massagebank liegen. Sie mit Reiki zu behandeln, wie du es von Erwachsenen gewohnt bist, ist daher nicht möglich. Entwickle deine eigenen schöpferischen Methoden, zum Beispiel:

* Wenn sie auf deinem Schoß sitzen und du ihnen eine Geschichte vorliest, fließt Reiki, wenn du sie sanft an den Schultern hältst.
* Wenn sie im Bett liegen, lege eine oder beide Hände auf ihren Bauch, und rede leise und beschwichtigend, damit sie schneller einschlafen.
* Wenn sie im Bett liegen, kannst du ihnen auch eine Hand auf die Stirn legen; die Wirkung ist sehr beruhigend.
* Mit jeder Hand kannst du einzeln Reiki kanalisieren. Vielleicht sitzt jeweils ein Kind auf deinem rechten und auf deinem linken Oberschenkel. Indem du sie beide umarmst, strömt Reiki zu ihnen beiden hin, ohne daß du bestimmte Handpositionen ausüben mußt.

Kinder sind sich sehr klar darüber, ob sie Reiki wollen und brauchen oder nicht. Eine Verletzung beim Spielen – zum Beispiel ein blauer Fleck, wenn sie sich gestoßen haben – wird sie veranlassen, zu dir zu kommen und um Reiki zu bitten. Kümmere dich nicht um Vorbereitungen, die ich für die Ganzkörper- und Kurzbehandlung vorgeschlagen habe, sondern lege deine Hand vorsichtig auf die Stelle, wo der Schmerz ist. Zum einem wird sich das Kind sofort getröstet fühlen, zum anderen wird es die Reiki-Energie zur Selbstheilung nutzen. Es ist oft nur eine Frage von Sekunden oder wenigen Minuten, bis sie aufspringen, um zu ihren Spielkameraden zurückzukehren. Sie wissen gefühlsmäßig, was gut für sie ist, während du vielleicht daran zweifelst, ob du genug Reiki gegeben und es »richtig« gemacht hast. Vertraue auf Reiki, indem du der Intuition des Kindes vertraust.

## C. Reiki bei älteren Menschen

Die Erfahrung von Reiki ist für einen älteren Menschen außerordentlich tiefgreifend und bedeutsam. Das Besondere an Reiki ist, daß es keine einfachere und natürlichere Methode gibt, deinem Partner etwas Gutes zu tun; du mußt nur deine Hände auflegen und keine Manipulation in Form von Massage oder Druck usw. anwenden. Damit das Geschenk der Heilkraft zur Wirkung kommt, ist ein leichter und sanfter Körperkontakt notwendig – das ist alles. Ein älterer Mensch wird die Behutsamkeit dieser Heilmethode sehr zu schätzen wissen, da er vielleicht unter Alterserscheinungen leidet, die es ihm unmöglich machen, sich an anderen Behandlungsformen zu erfreuen. Der Körper eines Menschen in höherem Alter mag sehr berührungsempfindlich sein, und seine Konstitution ist nicht mehr so stabil. Die universelle Lebensenergie wird mit sehr hoher Wahrscheinlichkeit für ihn von großem Nutzen sein.

Ein weiterer Vorteil ist, daß die Kleidung nicht abgelegt werden muß, um die Energie zu empfangen. Deinem älteren Partner kann dadurch eine unangenehme Peinlichkeit erspart werden.

Degenerative Erkrankungen, wie zum Beispiel Rheumatismus, Arthrose, Rückenleiden oder steife Gelenke, sind bei älteren Menschen nicht selten. Als eine Folge dieser Beschwerden ist es sehr schwierig für sie, auf dem Bauch zu liegen, besonders dann, wenn deine Massageliege keine Öffnung für das Gesicht hat und sie damit ihren Kopf und Nacken stark biegen müssen. Du kannst zwischen verschiedenen Möglichkeiten wählen, wie du es deinem älteren Partner trotzdem bequem machen kannst, so daß er Reiki genießen und sich an der Behandlung erfreuen kann.

* Behandle nur die Vorderseite, und laß den Rücken aus. Halte mehrere Kissen bereit, falls dein Partner sie benötigt, um entspannt liegen zu können.
* Frage deinen Partner während der Behandlung, ob er die Behandlung genießt.
* Biete ihm die Kurzbehandlung an, wenn er es vorzieht, Reiki im Sitzen zu empfangen.
* Wenn dein Partner bettlägerig ist, mag es ausreichend sein, seine Hände oder Füße zu halten. Um ihn aufzuheitern, lege ihm eine Hand auf die Stirn. Gib Reiki in sein Sonnengeflecht – halte dabei deine Hand über der Bettdecke, das wird ihm weniger peinlich sein.
* Reiki bedarf keiner Erklärung, und vielleicht ist es das Angemessenste, in der körperlichen Nähe deines Partners zu sein und ihn durch deine Gegenwart froh zu stimmen und aufzumuntern. Er wird spüren, daß du als Reiki-Kanal eine ganz besonders liebevolle und sorgende Energie ausstrahlst.

## D. Der Einsatz von Reiki bei Menschen mit lebensbedrohlichen Krankheiten

Mit Reiki wirst du das Ergebnis der Behandlung nie vorherbestimmen können. Es liegt nur – und wirklich nur – an deinem Partner, wie er die Heilkraft zum Zweck der Selbstheilung benutzt. Bei lebensbedrohlichen Krankheiten, wie zum Beispiel Aids oder Krebs, wird Reiki vielleicht nicht zur Wiederherstellung der körperlichen Gesundheit führen, sondern statt dessen helfen, die Lebensqualität zu verbessern. Wenn du selbst an einer schweren Krankheit leidest, lege ich dir sehr ans Herz, dir zu überlegen, ob du nicht Reiki-Kanal werden möchtest. Wenn das für dich nicht in Frage kommt, empfehle ich dir regelmäßige Reiki-Behandlungen von einem Reiki-Freund. Es ist wichtig für dich zu wissen, daß du nie zu krank bist, um zum Reiki-Kanal eingeweiht zu werden. Bist du bettlägerig oder kannst aus anderen Gründen nicht an einem Seminar teilnehmen, zögere nicht, einen Reiki-Meister deiner Wahl zu bitten, dich zu Hause zu lehren. Außerdem ist es auch eine gute Idee, Familienangehörige und sonstige Personen, die für dich sorgen und dich pflegen, zu fragen, ob sie gemeinsam mit dir Reiki lernen möchten. Dein Reiki-Meister wird mit Sicherheit eine besondere Atmosphäre schaffen, wo ihr in einem sehr intimen Kreis die heilende Wirkung der universellen Lebensenergie lernen könnt. Nicht nur für dich, sondern auch für alle anderen, die daran teilhaben, wird dieses Erlebnis eine tiefe innere Verbundenheit schaffen und für alle unvergeßlich sein. Du wirst die tiefgreifende Erfahrung machen, daß du, obwohl du krank bist, das Geschenk von Reiki mit anderen teilen kannst. Du bist niemals zu krank, um dir oder anderen Reiki zu geben; die Symptome deiner Krankheit wirst du auch nicht auf andere übertragen. Wenn du zum Reiki-Kanal eingeweiht bist, steigt deine Energie, du wirst eine Verbesserung in deinem Allgemeinzustand spüren und vor allen Dingen das Gefühl von innerem Frieden erfahren. Letzteres ist ein wesentlicher Bestandteil deiner Lebensqualität.

Als Reiki-Kanal bist du nicht auf andere Therapeuten angewiesen und kannst dir Reiki immer und überall selbst geben. Mußt du starke Medikamente nehmen, wirkt Reiki unerwünschten und lästigen Nebenwirkungen entgegen.

Mit Hilfe der Reiki-Heilkraft kannst du die Ursache finden, warum du so krank geworden bist. Dieser Grund mag lange verschüttet sein, doch Reiki bringt ihn sanft an die

Oberfläche. Hab keine Angst davor, denn Reiki zeigt dir nicht nur die Ursache auf, sondern gibt dir auch die Kraft, damit umzugehen. Vielleicht triffst du die bewußte Wahl, deine Krankheit loszulassen, und deine manifestierten Symptome werden verschwinden. Es ist aber auch möglich, daß du – bewußt oder unbewußt – den Entschluß faßt, deinen Körper loszulassen und zu sterben. Wie immer du dich auch entscheidest, Reiki bringt dir die Klarheit, eine Entscheidung zu fällen.

Reiki gibt dir kein Versprechen, daß du gesund wirst oder länger lebst. Mit Gewißheit aber wirst du durch die universelle Lebensenergie mehr inneren Frieden und eine bessere Lebensqualität erfahren.

*Jane Graham erzählt ihren Reiki-Weg:*

*Mein Mann ist Schafzüchter, und ich begleite ihn oft auf seinen Reisen. Auf einer außerordentlich anstrengenden Reise nach Argentinien sagte mein Körper eines Tages »Schluß«. Wir verbrachten ein paar Tage mit engen Freunden von uns, und während dieser Zeit bemerkte ich, wie schwer es mir fiel, morgens aus dem Bett zu kommen. Außerdem entwickelte ich heftige Schmerzen im unteren Rückenbereich. Ich suchte einen Arzt auf, der mich röntgte und ohne eine genaue Diagnose mit starken Schmerztabletten wieder wegschickte.*

*Am nächsten Tag reisten wir nach Los Angeles weiter. Es war eine sehr ermüdende Reise, besonders weil ich im Rollstuhl saß. Als wir in Los Angeles ankamen, waren sämtliche Beschwerden wie durch ein Wunder verschwunden, und so konnten wir unsere Reise wie geplant fortsetzen.*

*Als wir wieder in unserer Heimat Australien waren, kehrten meine Rückenschmerzen zurück. Zuerst dachten wir an eine Muskelverspannung. Da ich aber sehr blaß aussah, schlug mein*

*Hausarzt einen Bluttest vor. Das Ergebnis war nicht sehr gut, und ich wurde zu einem Spezialisten geschickt. Weitere Untersuchungen und ein Knochenmarktest ergaben die erschütternde Diagnose: Leukämie.*

*Während der nächsten fünf Jahre mußte ich Tabletten nehmen und konnte ein fast normales Leben führen. Die Suche nach einem Spender für eine Knochenmarktransplantation blieb leider erfolglos. Ich hielt eine Diät ein, blieb durch regelmäßiges Training körperlich fit und änderte meine Lebensweise.*

*Im Juni 1992 wurde mein Blutbild so schlecht, daß ich Chemotherapie bekam, wodurch mein Immunsystem sehr geschwächt wurde und ich alle Haare verlor. Ohne die Unterstützung meines Hausarztes und meiner Familie hätte ich nicht mehr die Willenskraft gehabt, weiterzuleben.*

*Dann hörte ich von Reiki und beschloß, an einem Seminar mit Reiki-Meister Jim Frew teilzunehmen. Obwohl ich die meiste Zeit während des Wochenendes liegen mußte, war ich in der Lage, den Reiki-Kurs zu beenden. Dies war nur möglich, weil die Mitglieder unserer kleinen Gruppe und Reiki-Meister Jim sich so wunderbar um mich gekümmert haben. Die Unterstützung hörte nicht auf, und wir organisierten regelmäßige Gruppenabende, um Reiki zu geben und zu empfangen. Es war für uns alle ein Wunder, als der nächste Bluttest nach dem Reiki-Seminar normal ausfiel.*

*Obwohl ich weiterhin schulmedizinische Behandlungen bekomme, hat mir meine neugefundene »Reiki-Familie« sehr viel Hoffnung durch die universelle Lebenenergie gegeben. Ein weiterer Schritt für mich war, daß ich den zweiten Reiki-Grad – ebenfalls mit Jim – gemacht habe. Reiki hat mich auf eine ungeahnte Reise geschickt und mir einen neuen Weg zur Selbstheilung, zum Heil- und Ganzwerden gezeigt. Ich bin gespannt, wohin es mich als nächstes führen wird!*

## E. Reiki als Sterbebegleitung

In einer Situation, wenn die Zeit für deinen Reiki-Freund gekommen ist, seinen Körper zu verlassen, ist Reiki ein wunderbares Mittel der Unterstützung, der Stärke und des Trostes. Das gilt sowohl für dich als auch deinen Reiki-Partner, der im Begriff ist, alles Materielle loszulassen. Für manche ist dieser Sterbeprozeß leicht, für andere ist er sehr langatmig und zehrend. Es ist nicht so einfach, wie es klingt, denn natürlich hat dein Partner Angst vor dem Neubeginn in einer anderen »Welt«, weil er nicht weiß, was ihn erwartet. Die sanfte Heilkraft und Unterstützung von Reiki wird ihm versichern, daß er mit allem umgehen kann, was in der neuen Welt mit ihm geschieht. Reiki gibt ihm die innere Gewißheit dieser Weisheit und das tiefe Wissen, das in uns allen vorhanden ist. Wenn es für deinen Partner richtig ist zu sterben, wird Reiki ihm helfen, diesen Schritt zu tun.

*Sue Duff über ihre Erfahrung beim Sterben ihrer Mutter:*

*In erster Linie lernte ich Reiki, damit ich meiner Mutter Reiki geben konnte. Sie hatte Leberkrebs, und ich wollte jede Möglichkeit wahrnehmen, um ihre Beschwerden zu erleichtern und ihr zu helfen. Die Reiki-Behandlungen, die ich ihr gab, dauerten Stunden, und ich bin so dankbar für die Zeit, die ich mit ihr schweigsam verbrachte, so daß unsere Herzen in Stille miteinander sprechen konnten. Sie starb friedlich zu Hause im Kreise ihrer Familie.*

*Reiki zu geben und zu empfangen ist für mich gleichwertig. Ich sehe es als Meditation an, wobei ich in mir Stille erfahre und den Fluß von Liebe ohne Bedingungen.*

Gerne sähe ich es, wenn Reiki eine größere Rolle in Alters- und Pflegeheimen, Krankenhäusern und Hospizen spielen würde. Das Pflegepersonal, das in diesen Institutionen arbeitet, tut mit Sicherheit sein Bestes. Aber dadurch, daß es in das System des bestehenden Gesundheitswesen eingebunden und damit eingeschränkt ist, glaube ich, daß Mitgefühl und Liebe nicht immer an erster Stelle stehen. Die Zeit für ein Gespräch, die Muße zuzuhören, die Zeit für ein Lächeln, eine liebevolle Berührung und ein ermutigendes Wort ist oft begrenzt. Kannst du dir vorstellen, was für eine wesentliche Rolle Reiki unter diesen Umständen spielen könnte? Ich meine »ja«, denn für mich ist Reiki eine alternative und absolut natürliche Art und Weise, miteinander umzugehen. Durch das Kanalisieren der Energie bist du unabhängig von Medikamenten und lebensverlängernden Maschinen. Du brauchst nur deine Hände, mit denen du die universelle Lebensenergie kanalisierst. Deine Motive, das zu tun, werden aus der Tiefe deines Herzens kommen, und das nenne ich dann das Praktizieren von »bedingungsloser Liebe«.

## Kapitel 14

# Reiki und Pflanzen

Laß mich eins gleich am Anfang klarstellen:
*Reiki ersetzt es nicht, deinen Pflanzen Wasser zu geben!*

Wenn du jedoch gewillt bist, Reiki bei deinen Pflanzen mit Verantwortung anzuwenden, werden sich erstaunliche Ergebnisse bemerkbar machen.

Topfpflanzen mögen Reiki sehr gerne. Umfasse den Blumentopf mit beiden Händen, und laß die Energie fließen. Sie wird durch jedes Material gehen: Ton, Plastik, Glas usw. Beim Umtopfen einer Pflanze gib zuerst dem Wurzelballen die Energie; tu dann die Pflanze zusammen mit der frischen Erde in einen größeren Behälter und wässere reichlich. Ein paar Tropfen von den Bach-Notfalltropfen, ins Gießwasser gegeben, werden helfen, den Schock des Umtopfens zu verringern.

Hat eine Pflanze eine Verletzung am Stamm, Blatt oder am Stiel, gib Reiki in den erkrankten Bereich und, wenn möglich, auch noch ins Wurzelsystem.

Wenn du ein Reiki-Schüler des ersten Grades bist, hast du noch nicht gelernt, wie du Fern-Reiki sendest. Trotzdem kannst du die universelle Energie deinem Garten schicken, wenn du die folgenden Punkte beachtest: Entscheide dich, ob du Reiki im Sitzen oder Stehen geben willst, und finde einen entsprechend passenden Platz in deinem Garten. Zentriere dich in deinem Herzchakra – achte darauf, daß dich die Nachbarn nicht beobachten –, und richte deine Handinnenfläche etwa zehn bis fünfzehn Minuten lang auf bestimmte Beete und Pflanzengruppen oder auf den ganzen Gartenbereich. Führe dies eine

Woche lang durch, und du wirst über das Ergebnis verblüfft sein. Falls es passiert, daß andere Leute dich beobachten, verändere deine Handposition, so daß es nicht mehr offensichtlich ist, daß du Reiki sendest.

Streiche beim Säen oder Einpflanzen von Setzlingen mit deinen Händen langsam im Abstand von einigen Zentimetern über das Saatgut.

Hast du schon einmal davon gehört, daß Bäume es sehr mögen, wenn man sie umarmt? Geh in deinen Garten, in einen Park oder Wald, und umfasse mit beiden Händen und Armen einen Baum deiner Wahl. Lehne dich an ihn, halte ihn ganz fest, und laß Reiki fließen. Dies ist eine sehr kraftvolle Erfahrung im gleichzeitigen Geben und Nehmen! Du wirst die starke, erdige Kraft des Baumes spüren, die zu dir fließt. Und Reiki wird durch deinen Körper aus deinen Händen heraus in den Baum strömen. Das schafft ein starkes Kraftfeld zwischen dir und dem Baum und gibt dir ein tiefes Gefühl der Verbundenheit mit der Natur und Mutter Erde.

Wenn du diese Zeilen gelesen hast, geh nach draußen,
und umarme einen Baum!

## Kapitel 15

# Reiki und Tiere

Tiere lieben Reiki ganz besonders. Sie haben nicht einen Intellekt wie wir und empfangen die Energie, ohne sich geistig damit auseinanderzusetzen. Sie stellen diese auch nicht in Frage; entweder mögen sie Reiki, oder sie mögen es nicht. Meine praktische Erfahrung ist, daß kaum ein Tier sich nicht von der Reiki-Heilkraft angezogen fühlt.

Wenn ein Tier ernstlich erkrankt ist, öffnet es sich für die Reiki-Energie. Ich habe es oft selbst erlebt, und mir erscheint das wie ein Akt des Ergebens – das kranke Tier ist gewillt, sich der Heilkraft bedingungslos hinzugeben. Schau genau hin, denn es wird sich drehen und wenden (es sei denn, die Erkrankung und Verletzung erlaubt das nicht), um dir verständlich zu machen, in welchen Teil des Körpers die Energie kanalisiert werden soll. Vertraue dem Reiki-Fluß, und denke nicht zu viel darüber nach, ob deine Handpositionen richtig oder verkehrt sind. Einem Tier Reiki zu geben fühlt sich so an, als ob du es liebkost und streichelst.

Hast du gerade vor kurzem den ersten Reiki-Grad gemacht, wird dir vielleicht aufgefallen sein, daß deine Haustiere – falls du welche hast – ungewohnt auf dich reagiert haben, als du vom Reiki-Seminar nach Hause gekommen bist. Entweder sind sie ungestüm in deinen Schoß gesprungen, um etwas Energie von dir abzubekommen, oder sie haben sich scheu zurückgezogen, weil sie sich vor der Energie fürchten. Manchmal kommt es auch vor, daß sie dich aus der Ferne betrachten, als wenn sie sehen könnten, daß sich in deiner Aura durch die Reiki-

Initiationen etwas verändert hat. Tiere stimmen sich auf Energiefelder sehr stark ein, und ich bin mir ganz sicher, daß sie die Reiki-Energie in dir sehen und fühlen können und dementsprechend darauf reagieren. Sei nicht ungeduldig, wenn sie dir für eine Weile (das können Stunden oder Tage sein) aus dem Weg gehen. Gib ihnen Zeit, sich an deine Reiki-Energie zu gewöhnen, genauso wie du auch deine Zeit brauchst, sie für dich zu verarbeiten und in dein Leben zu integrieren.

Einem kranken Tier Reiki zu geben ist einfach, wenn es sich nicht bewegt. Wenn es allerdings die Tendenz zeigt, sich dir zu entziehen, leg deine Hände auf die Teile des Körpers, die am meisten von Schmerzen betroffen sind. Ist auch das nicht möglich, laß deine Hände sehr langsam über den Wundbereich gleiten oder wende Notfall-Reiki auf dem Sonnengeflecht an. Es ist niemals günstig, das Tier mit Anstrengung oder Gewalt festzuhalten. Es wird sich nur noch mehr widersetzen und dir ganz ausweichen. Auch wenn du es gut meinst, erlaube dem Tier, seine eigene Komfortzone zu finden und sich dementsprechend zu verhalten.

*In einer kalten und stürmischen Nacht im Juni 1991 (der Winter fängt auf der südlichen Halbkugel am 21. Juni an) fand ich ein ernstlich verletztes weibliches Känguruh in der unmittelbaren Nähe unseres Hauses im australischen Busch. Ihre Hinterbeine waren in einem schrecklichen Zustand, und sie konnte nicht mehr gerettet werden. Ein Nachbar kam, um sie zu erschießen, und als sie tot auf dem Boden lag, sah ich etwas aus ihrem Beutel herausragen, was aussah wie zwei Äste. Als ich näher hinschaute, waren es die Beine eines winzigen Kängeruh-Babys. Ganz vorsichtig nahm ich es aus dem Beutel heraus. Es war so klein, daß es – bis auf die langen Springbeine – in meine Hände paßte; es hatte noch kein Fell, statt dessen dichte schwarze Wimpern und einige Schnurrbarthaare. So eine ungewöhnlich aussehende Kreatur hatte ich noch nie gesehen; ich war schockiert und erstaunt zugleich.*

*Nach ein paar Augenblicken der Verblüffung holte mich die Wirklichkeit ein: Wie konnte ich diesem kleinen »Etwas« helfen zu überleben? Ich wußte nichts über das Aufziehen von Känguruhs und war verzweifelt. Da gerade Wochenende war, blieben auch meine Versuche, einen Tierarzt zu erreichen, erfolglos. Es gab nichts, was ich tun konnte ..... außer Reiki zu geben. So setzte ich mich neben den Ofen und gab diesem kleinen Lebewesen die ganze Nacht hindurch die universelle Lebensenergie. Die nächsten zwei Tage gab ich ihm Wasser zu trinken, in die ich Bach-Notfalltropfen gemischt hatte, und ständig Reiki. Als ich endlich jemand fand, der sich mit der Aufzucht von Känguruhs beschäftigt hatte, wurde ich nicht gerade ermutigt. Die Grundhaltung war: »Er ist viel zu klein, um außerhalb des Beutels und ohne Mutter zu überleben!«*

*Ich gab nicht auf. Alle zwei Stunden – Tag und Nacht – fütterte ich ihn. Tagsüber wickelte ich ihn in ein großes Tuch und hielt ihn wie ein Baby, so daß er immer mit Reiki in Kontakt war; nachts schlief er in einem Korb neben dem Bett, und auch dann erhielt er von mir Reiki mit einer Hand. Du kannst dir vorstellen, daß ich in dieser Zeit oft nicht genug Schlaf bekam.*

*Aber meine Mühe wurde belohnt. Heute (Mitte Juni 1994) ist er zu einem gesunden und großen Känguruh-Mann herangewachsen und springt munter ums Haus herum. Obwohl er zurück in den Busch gehen kann, wann immer er will, hat er uns bis heute nicht verlassen. Experten sehen sein Überleben als ein Wunder an; für mich ist der einzige Grund die beständige Anwendung von Reiki, der universellen Lebensenergie.*

## Kapitel 16

# Reiki und Nahrungsmittel

Es ist sehr wahrscheinlich, daß du als praktizierender Reiki-Kanal eine größere Bewußtheit in verschiedenen Bereichen deines Lebens entwickelst. Deine Einstellung zu alltäglichen Dingen wird sich im Laufe der Zeit verändern. Laß mich als ein Beispiel deine Ernährung und deine Eßgewohnheiten nehmen. Reiki hilft dir, deine Intuition zu entwickeln und auf deine innere Stimme zu hören, und das gilt auch für das, was du täglich zu dir nimmst. Bist du in Kontakt mit deiner inneren Weisheit, wird dir dein Instinkt sagen, daß es besser ist, bestimmte Lebensmittel zu meiden und dafür andere in deinen Diätplan aufzunehmen. Als Reiki-Kanal brauchst du kein Vegetarier zu werden; aber ich weiß, daß viele meiner Schüler angefangen haben, weniger Fleisch zu essen, nachdem sie zum Kanal für die universelle Energie geworden sind, und das war ihre eigene Wahl und kein »Muß«. Auch in bezug auf die Nahrungsaufnahme von Dosengerichten, Milchprodukten, Zucker, Kaffee, Tee und Alkohol wird die Bewußtheit größer. Wenn du also nicht glücklich mit deinen Eßgewohnheiten bist und dem, was du ißt, wird Reiki dir helfen, Veränderungen herbeizuführen.

Wenn du dich an den Tisch setzt, um eine Mahlzeit einzunehmen, habe eine positive Grundstimmung. Iß nicht, wenn du dich ärgerst oder sorgst. Iß in Maßen und mit einer inneren Einstellung von Dankbarkeit, daß du genug zu essen hast. Erkenne, daß hinter allem, was wächst und gedeiht und geerntet wird, eine Allmächtige Kraft steht (du kannst es Gott, Heiliger Geist, Großer Geist oder noch anders nennen, so daß es in deine Weltanschauung paßt).

Praktisch sieht es für mich so aus, daß ich mein Essen mit Reiki segne. Es ist eine Form des Dankes, daß ich genug zu essen habe und die Mahlzeit mit Liebe zubereitet worden ist. Ich will auf keinen Fall mit diesem Prozeß Aufmerksamkeit auf mich ziehen – meine Hände legen sich unauffällig um den Außenrand meines Tellers, meiner Suppenschüssel oder meines Bechers. Wenn ich in einem Restaurant esse oder bei Freunden, mache ich es genauso. Keiner muß merken, daß ich meinem Essen Reiki gebe – es ist so, als wenn ich stillschweigend ein Gebet spreche. Aber es ruft in mir ein tiefes Gefühl von Respekt und Verehrung dem Leben gegenüber hervor. Probier es doch einmal aus!

*Erfahrungsbericht von Reiki-Meister Peter Didaskalu:*

*Die in besonderem Maße reinigende Wirkung von Reiki ist eine gut dokumentierte, anerkannte Tatsache und ein fester Bestandteil der Lehre und Tradition von Reiki.*

*Daß dies auch für Nahrungsmittel gilt, erfuhr ich persönlich in einem aufregendem Erlebnis etwa zwei Jahre nach dem Atomreaktorunfall in Tschernobyl/UdSSR.*

*Wie viele andere Menschen in meiner Umgebung hatte ich noch lange nach dieser Katastrophe Angst und Sorgen, wie man sich vor den Folgen des radioaktiven »fall-outs« schützen könnte, und ich war sehr besorgt über die hohe radioaktive Belastung in Nahrungsmitteln.*

*Es war für mich eine ungeheure Erleichterung, als mir ein Reiki-Meister-Kollege eines Tages berichtete, daß es einigen seiner Schüler gelungen sei, die radioaktive Belastung in Milch durch die Behandlung mit Reiki deutlich zu verringern. Daraufhin empfahl ich meinen Reiki-Schülern, ihre Nahrung vor dem Essen mit Reiki zu behandeln, um Verunreinigungen jeglicher Art zu reduzieren, radioaktive Verseuchung mit eingeschlossen.*

*Ich erinnere mich noch sehr lebhaft an einen Reiki-Kurs, den ich damals in Hamburg leitete. Zwei der Teilnehmer waren von Beruf Physiker und sehr aufgebracht über meine Behauptungen. In der Mittagspause – die mit Sicherheit hektischste Mittagspause, die ich je in meinen Reiki-Kursen erlebt habe – setzten sie mir reichlich zu, und einer von ihnen sagte mir sehr deutlich: ». . . daß es Gesetze im Universum gibt, die man nicht ändern kann«.*

*Schließlich einigten wir uns auf ein Experiment, und ein paar Tage später stand einer von ihnen tatsächlich vor meiner Tür. Er hatte in einem Supermarkt ein Pfund Haselnüsse gekauft und sie in einem wissenschaftlichen Institut auf Radioaktivität hin untersuchen lassen. Die Nüsse hatten eine Belastung von 48 Becquerel, und das ist für Lebensmittel sehr hoch. Er hatte die Haselnüsse geteilt und bat mich, der einen Hälfte Reiki zu geben, was ich dann auch tat. Ich behandelte die Nüsse, indem ich jeweils eine Handvoll davon etwa vier bis fünf Minuten lang in meinen Händen hielt. Danach ließ er beide Hälften erneut messen.*

*Nach einer Woche erhielt er die Ergebnisse des Instituts mit der Post und rief mich aufgeregt an. Die Nüsse, die kein Reiki erhalten hatten, waren immer noch mit 48 Becquerel belastet, während – sehr zu seiner großen Überraschung, jedoch nicht zu meiner – die mit Reiki behandelten Nüsse nur noch 18 Becquerel hatten, und das war schon ein signifikanter Unterschied.*

*Er war absolut geschockt und konnte nicht begreifen, wie das möglich war. Immer wieder fragte er mich, was ich den mit den Haselnüssen gemacht hätte, und ich hatte immer nur eine Antwort: »Ich habe sie mit Reiki behandelt, weiter nichts.«*

*Eine wissenschaftliche Erklärung kann ich auch nicht geben.*

*Ich weiß nur, daß dies ein wunderbares Beispiel dafür ist, was Reiki bewirken kann. Für mich ist es eine Bestätigung für das unermeßliche Potential, das in Reiki enthalten ist.*

## Kapitel 17

# Reiki und Edelsteine

Reiki ist eine natürliche Heilmethode und in sich vollständig. Es braucht keine anderen ergänzenden Therapieformen, um zu seiner vollen Wirkung zu gelangen.

Immer mehr Reiki-Schüler interessieren sich jedoch auch für Edelsteine und deren energetische Wirkung. Es stellt für sie eine interessante Herausforderung dar, die Reiki-Kraft mit der Energie der Edelsteine zu verbinden.

Wenn du einen Edelstein für Energiearbeit im allgemeinen oder in Kombination mit Reiki benutzen möchtest, ist es wichtig, daß du einen Stein wählst, der mit deinem eigenen persönlichen Energiefeld gut zusammenschwingt. Genauso wie jeder Mensch sein eigenes Energiefeld hat, das es in derselben Form nicht noch einmal gibt, so hat auch jeder Edelstein seine einzigartige Resonanz. Deine Schwingung und die des Edelsteins müssen zusammenpassen, damit befriedigende Ergebnisse erzielt werden können.

### A. Die Wahl eines Edelsteins

Wenn du deinen persönlichen Edelstein aussuchst, triff die Wahl mit deiner Intuition, feinsinniger Überlegung und Empfindsamkeit. Wahrscheinlich fühlst du dich zu bestimmten Farben, Formen und Größen hingezogen. Vertraue deinem Gespür, und wähle einen Edelstein aus der Vielzahl aus. Halte ihn für eine Weile in beiden Händen, und entwickle ein Gefühl für die feine und unterschwellige Schwingung des Edelsteins. Vielleicht erzeugt er in dir ein Gefühl der Freude oder Zufriedenheit; es kann sein, daß du ein Brennen in deinen Handinnenflächen spürst oder eisige Kälte. Manchmal kommt es auch vor, daß du Wellen von Energie fühlst, die aus dem Edelstein kommen. Egal, was der Stein mit seiner Schwingung in dir auslöst, es sollte eine angenehme Empfindung für dich sein.

Hast du dich entschieden, welches »dein« Edelstein ist, reinige ihn, und fülle ihn dann sowohl mit deiner persönlichen Energie als auch mit Reiki, der universellen Lebensenergie.

### B. Das Reinigen und Aufladen eines Edelsteins

Der genaue Vorgang des Reinigens und Aufladens hängt letztlich von der Größe und der Form des Edelsteins ab. Halte ihn in einer oder beiden Händen. Ist er sehr groß und schwer oder hast du dich für eine Kristallhöhle entschieden, laß deine Hände im Abstand von ein bis zwei Zentimetern darüber schweben. Laß dir Zeit, sei für ein paar Minuten still, und die Energie von anderen Menschen, die der Edelstein noch an und in sich hat, wird ihm entzogen.

Ist der Edelstein gereinigt, gib ihm Reiki, so wie du die Technik des Handauflegens gelernt hast, und lade ihn mit der universellen Lebensenergie auf. Wenn du willst, kannst du danach deine persönliche Energie hinzufügen und ganz zum Schluß Affirmationen, die ihm deine Gedanken und Gefühle einprägen.

### C. Die Verwendung von Edelsteinen in Gruppen

Es ist ein bereicherndes und kraftvolles Erlebnis, wenn mit Edelsteinen in einer Gruppe gearbeitet wird. Es gibt zwei grundsätzliche Möglichkeiten, die einzeln, aber auch kombiniert angewendet werden können. Jeder kann seinen eigenen Edelstein im Kreis der Gruppe selbst reinigen und aufladen; dabei bleibt der Edelstein eines jeden Teilnehmers nur mit seinem Besitzer energetisch verbunden. Bei der zweiten Möglichkeit wird der Kristall von allen Mitgliedern gereinigt und aufgeladen, so daß am Ende die energetische Schwingung eines jeden in dem neugeschaffenen »Gruppenstein« enthalten ist. Legt diesen Gruppenstein in die Mitte eures Kreises, wenn ihr eine Diskussion führt. Er kann als Fokus benutzt werden oder dient dazu, negative Gefühle zu absorbieren, wenn es nötig ist.

Eine weitere Möglichkeit, von ihm Gebrauch zu machen, stammt aus der indianischen Kultur und wird »talking stone« genannt. Die Person des Zirkels, die den Edelstein in ihren Händen hält, hat das Recht zu sprechen, zu singen, zu weinen, zu schweigen oder das zu tun, wonach sie sich gerade fühlt. Sie erhält die volle Aufmerksamkeit von allen und ist durch die Berührung mit dem »talking stone« auch auf der energetischen Ebene mit jedem Mitglied der Gruppe sehr tief verbunden.

### D. Edelsteine zum Zweck der Heilung

Allein oder in Zusammenhang mit Reiki-Behandlungen können Edelsteine zu Heilungszwecken benutzt werden. Heilung mit Edelsteinen ist ein anderes – sehr weitläufiges Thema –, und wenn du daran interessiert bist, schlage ich vor, daß du dir dementsprechende Literatur besorgst.

Ich möchte dir allerdings von einer persönlichen Erfahrung berichten, wie ich die Reiki-Heilkraft zusammen mit einem Edelstein eingesetzt habe, da sich die Möglichkeit dazu ganz spontan ergab.

*Eine gute Freundin von mit hatte entsetzliche Flugangst. Eines Tages aber gab es keine andere Möglichkeit für sie, zu einem bestimmten Ort zu gelangen, außer dorthin zu fliegen.*

*Sie erhielt eine Reihe von vier Reiki-Körperbehandlungen und war relativ entspannt und zuversichtlich, was ihre Flugreise anbetraf. Etwas Ängstlichkeit war jedoch noch da, und ich überlegte, ob ich sie nicht noch zusätzlich in einer anderen Art und Weise unterstützen könnte.*

*Da ich wußte, daß sie Edelsteine sehr mochte, fragte ich sie, ob ich ihren Lieblingsstein mit Reiki-Energie aufladen sollte, und freudig willigte sie ein. Ich riet ihr, den Stein immer bei sich zu tragen und ihn in ihrer Hand zu halten, wenn sie nervös und angespannt war.*

*Eine Woche später kam sie wieder zurück und berichtete mir voller Stolz, daß sie die Reiki-Energie in dem Edelstein immer dann, wenn sie ihn hielt, deutlich gespürt habe. Er hatte wesentlich dazu beigetragen, ihre Flugangst zu überwinden.*

## Kapitel 18

# Gruppen-Reiki und die Reiki-Kette

Wird eine Reiki-Behandlung von mehr als einem Reiki-Praktizierenden gegeben, wird dies eine Gruppenbehandlung genannt, und es spielt dabei keine Rolle, ob die Gruppe aus zwei oder mehreren Teilnehmern besteht. Es gibt keine Begrenzung, wie viele Hände auf den Körper des Partners gelegt werden können, solange irgendwo noch Platz vorhanden ist. Es ist ein sehr kraftvolles Erlebnis, mehr als ein Paar Hände auf deinem Körper zu spüren, und es kann eine sehr tiefgreifende Auswirkung haben.

Ich erinnere mich noch sehr gut daran, daß vor einigen Jahren am Ende eines Reiki-Seminars meine Schüler an mir üben wollten. Die Gruppe bestand aus siebzehn Teilnehmern, und alle fanden sie Platz für ihre Hände auf meinem Körper. Es war eine unbeschreibliche Erfahrung, so viel Reiki-Energie zu bekommen, und ich werde dieses Erlebnis nie vergessen. Dir, liebe Leserin und lieber Leser, kann ich nur wärmstens ans Herz legen, dich mit möglichst vielen Reiki-Freunden zusammenzutun, damit ihr alle eine ähnlich bedeutsame Erfahrung macht.

Während einer Gruppenbehandlung ist der Reiki-Fluß außerdem noch verstärkt. Wenn zum Beispiel drei Reiki-Kanäle die Energie geben, entspricht das der Energie von neun Paar Händen. Die Anzahl der Handpaare, die dem Partner aufgelegt werden, wird ins Quadrat erhoben, und das ergibt dann die Menge der Energie, die der Partner erhält. Dieses energetische Gesetz wird »Synergie-Prinzip« genannt. Stelle dir nun vor, du bekommst Reiki von fünf Reiki-Schülern – der Energiefluß ist der von

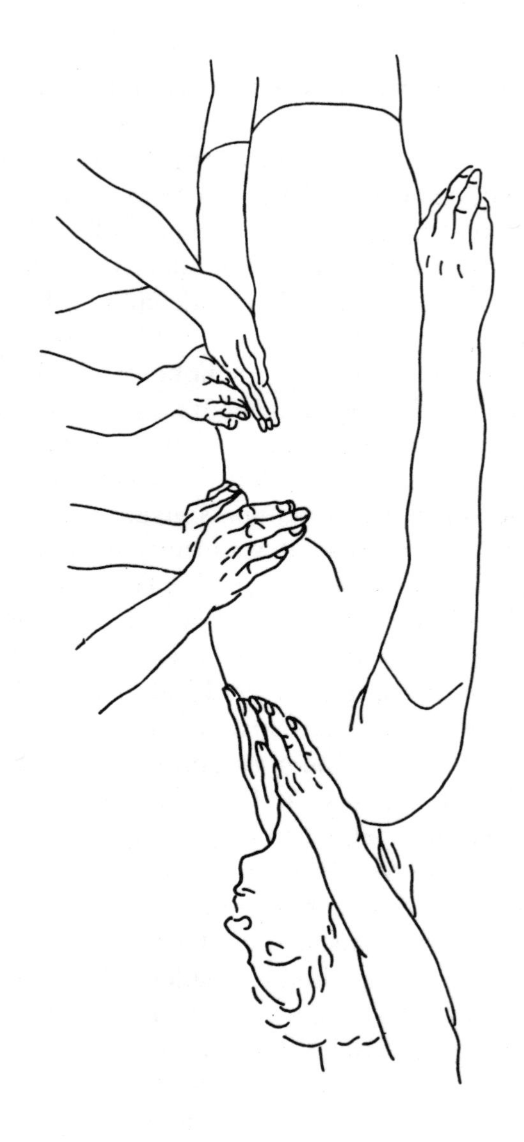

Gruppenbehandlung. Die erste Alternative.

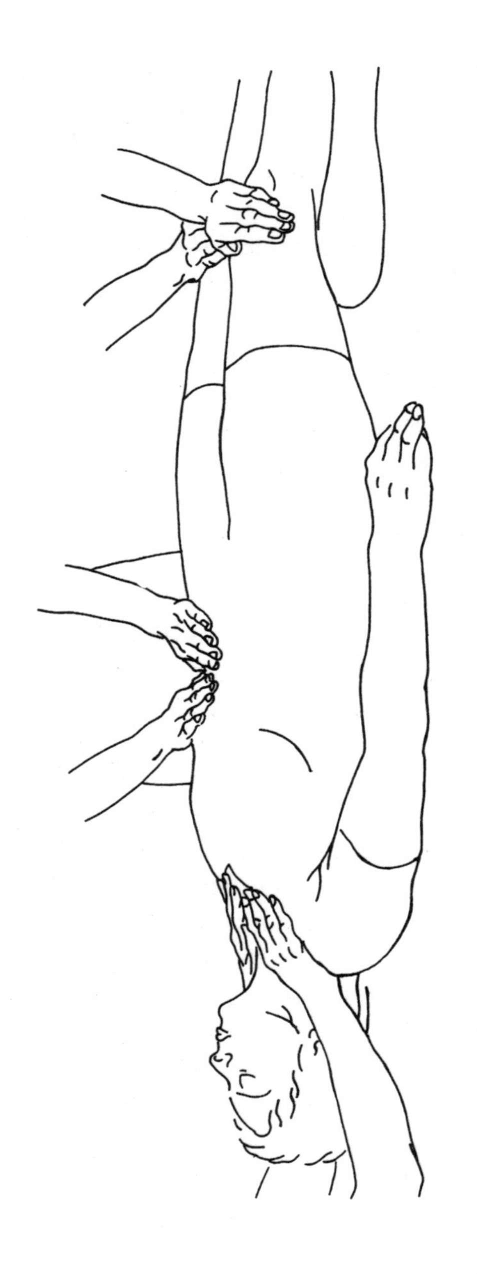

Gruppenbehandlung. Die zweite Alternative.

fünfundzwanzig. Und jetzt überlege dir, wie es bei siebzehn Paar Händen ist ... ... ... unbeschreiblich! Du mußt es selbst an dir erfahren haben, um zu wissen, wie es sich anfühlt, und was für ein tiefes Verbundenheitsgefühl es auslöst.

Die Abfolge der Handpositionen, die du für eine Einzelbehandlung gelernt hast, muß natürlich bei einer Gruppenbehandlung abgeändert werden, da mehrere Praktizierende gleichzeitig einer Person Reiki geben. Die Zeichnungen auf Seite 156/157 geben dir ein paar Tips, wie du als Gruppe die Vorderseite, den Kopf und die Beine deines Partners behandeln kannst. Denke daran, daß diese Zeichnungen dich inspirieren sollen. Letztendlich mußt du – oder ihr als Gruppe – kreativ sein, wenn ihr gemeinsam an einem Partner arbeitet.

Hast du schon einmal die warme und freundliche Atmosphäre erlebt, wenn eine Gruppe von Reiki-Praktizierenden um die Massageliege herum steht und Reiki gibt? In einer Gruppe von mehreren Reiki-Praktizierenden herrscht gewöhnlich eine sehr vertraute Atmosphäre. Diese »gemütliche« Stimmung trägt dazu bei, daß die Reiki-Schüler ihre Gedanken und Gefühle untereinander austauschen wollen, während sie Reiki geben. Grundsätzlich ist dagegen nichts einzuwenden, da der Reiki-Strom nicht unterbrochen oder gestört wird, wenn die Reiki-Praktizierenden sich unterhalten. Aber der Reiki-Partner auf der Massageliege empfindet die Situation eventuell anders. Er hört entweder bewußt oder unbewußt eurer Unterhaltung zu. Selbst wenn euer Gespräch sich um Reiki und die Behandlung dreht, wird euer Partner es schwierig finden, sich auf seine eigenen Gedanken und Gefühle zu konzentrieren, wenn ihr redet, und sein Selbstheilungsprozeß kann somit verzögert werden.

Wenn für eine Atmosphäre gesorgt wird, die von Stille und Ruhe geprägt ist, ist er sich eurer Aufmerksamkeit gewiß und fühlt sich aufgehoben und sicher, wenn er durch seinen Selbstheilungsprozeß geht. Wenn er sich entspannen und vielleicht einschlafen möchte, ist es natürlich auch besser, wenn Ruhe herrscht. Ich schlage eine Kaffee- und Teepause vor, in der ihr euch unterhalten und eure Erfahrungen autauschen könnt, ohne euren Reiki-Partner in seinem Selbstheilungsprozeß zu stören.

Als Gruppe könnt ihr auch die Technik der Reiki-Fernbehandlung anwenden. Trefft euch mit mehreren Reiki-Schülern, die den zweiten Reiki-Grad gemacht haben, und sendet Reiki zu einer Person, einem Tier, einer Pflanze, einer Gruppe von Personen oder einer Situation (lies dazu bitte auch das Kapitel 22). Es ist auch möglich, daß sich die Reiki-Schüler an verschiedenen Orten befinden, jedoch zu einem vereinbarten Zeitpunkt die Reiki-Energie auf ein bestimmtes Ziel (Person, Tier, Situation usw.) richten. Das Synergie-Prinzip wird zur Wirkung kommen und der Effekt der Behandlung damit stärker sein, als wenn sie nur von einer Einzelperson vorgenommen würde.

Eine weitere Technik, wie Reiki in einer Gruppe von Reiki-Schülern angewandt werden kann, ist die »Reiki-Kette«. Ihr sitzt auf Stühlen oder auf dem Boden hintereinander (ihr könnt auch hintereinander stehen) und kanalisiert die universelle Energie zu der Person vor euch. Gebt euch Reiki auf die Schultern oder umfaßt die Taille oder die Hüften, so daß eine Reiki-Kette entsteht oder ein Reiki-Kreis, je nachdem, ob sich Anfang und Ende verbinden. Ihr könnt auch einfach nur einen Kreis bilden und euch an den Händen anfassen – die Reiki-Heilkraft wird von einem zum anderen fließen.

In welcher Form auch immer ihr die Reiki-Kette bildet, es wird für euch alle ein tiefes Gefühl des Verbundenseins und Miteinanderseins schaffen. Ein Reiki-Treffen mit der Reiki-Kette oder dem Reiki-Kreis anzufangen und zu beenden erzeugt ein starkes Gefühl der Einheit und des Eins-Seins unter den Reiki-Schülern.

## Kapitel 19

# Chakren-Ausgleich mit Reiki

Den größtmöglichsten Nutzen wirst du aus Reiki ziehen, wenn du eine Ganzkörperbehandlung bekommst. Da Reiki auf der körperlichen, geistigen, seelischen und spirituellen Ebene wirkt, bietet die Ganzkörperbehandlung die beste Möglichkeit, den Selbstheilungsprozeß einzuleiten. Die sieben Hauptchakren, die sich auf der Mittellinie deines Körpers befinden, werden mit Reiki behandelt, wenn du die Abfolge der traditionellen Handpositionen einhältst.

Vielleicht möchtest du Reiki irgendwann einmal in einer leicht abgewandelten Form anwenden – dann ist eine Technik, die Chakren-Ausgleich genannt wird, eine angemessene Alternative. Diese Art der Reiki-Behandlung konzentriert sich auf die sieben Hauptenergiezentren – Chakren genannt. Sie sind Energieknotenpunkte, die du dir als kreisförmige Flächen vorstellen kannst und die sich radförmig drehen. Jedes Chakra ist energetisch verbunden mit dem Organ, das sich in der Nähe des betreffenden Chakra befindet.

Dazu möchte ich dir ein Beispiel geben: Das Sonnengeflecht – das dritte Chakra – befindet sich im Bereich des Magens und des Verdauungssystems. Wenn dich bestimmte Gefühle stark berühren – dabei kann es sich sowohl um Ärger, Angst, Unmut, Traurigkeit usw. als auch um Freude, Erwartung, Glückseligkeit usw. handeln –, hast du vielleicht eine körperliche Reaktion, wie zum Beispiel Magendrücken, Übelkeit, Durchfall oder Verstopfung. Deine Symptome sind ein Zeichen dafür, daß die

Energie deines Sonnengeflechts nicht ausgeglichen ist. Es kann zu viel Energie vorhanden sein oder zu wenig; das Energierad kann sich zu langsam oder zu schnell drehen. Es spielt keine Rolle, denn das Ungleichgewicht in deinem Energiezentrum hat sich in deinem Körper in Form von körperlichen Beschwerden manifestiert.

Wie du in der Zeichung auf Seite 164 siehst, ist jedes Hauptchakra in unmittelbarer Nähe eines oder mehrerer lebenswichtigen Organe angesiedelt. Wenn ein Organ seine Funktion nicht zufriedenstellend erfüllt, besagt das, daß ein oder mehrere der dazugehörigen Chakren sich nicht in Harmonie befinden, wobei es sich sowohl um eine Unterfunktion als auch um eine Überfunktion des Energiezentrums handeln kann. Da du um die harmonisierende Heilkraft von Reiki weißt, ist es hilfreich, Reiki in diesen Bereich deines Körpers zu geben. Reiki wird jede Fehlfunktion des Chakra ausgleichen und dadurch Beschwerden des ihm entsprechenden Organs mildern oder beheben.

Natürlich kannst du nur mit einem Chakra arbeiten, wenn sich ein Problem körperlich in einem bestimmten Bereich manifestiert hat. Für deinen Partner wird es jedoch von größerem Wert sein, wenn du mit einem vollständigen Chakren-Ausgleich beginnst und dich danach auf das Chakra konzentrierst, wo das Problem ist. Stimme dich auf deine Intuition und innere Weisheit ein. Laß diese zu dir sprechen, und lege deine Hände dementsprechend auf.

Die Vorbereitungen für einen vollständigen Chakren-Ausgleich sind dieselben wie die einer Ganzkörperbehandlung (Kapitel 8). Es spielt keine Rolle, ob du die Behandlung von der rechten oder linken Seite deines Partners aus gibst. Zentriere dich zuerst in deinem Herzchakra, und beginne dann mit folgenden Handpositionen:

– Lege beide Hände auf das Herzchakra deines Partners, um es mit Reiki aufzufüllen.
– Eine Hand bleibt auf dem Herzchakra, die andere wird auf das Wurzelchakra gelegt.
– Eine Hand auf dem Herzchakra, die andere auf dem Sakralchakra.
– Eine Hand auf dem Herzchakra, die andere auf dem Sonnengeflecht.
– Eine Hand auf dem Herzchakra, die andere auf dem Kehlkopfchakra (Hand auf dem Herzchakra wechselt).
– Eine Hand auf dem Herzchakra, die andere auf dem Stirnchakra.
– Eine Hand auf dem Herzchakra, die andere auf dem Kronenchakra.

Es gibt drei wichtige Gründe, warum du während der ganzen Behandlung Reiki in das Herzchakra gibst. Erstens ist es das Zentrum der sieben Hauptchakren und bildet den Mittelpunkt. Zweitens liegt im Bereich des Herzchakra, unter dem Brustbein, eine lebenswichtige Drüse, die Thymusdrüse, die dein Immunsystem stimuliert und deine Abwehrkräfte gegen Krankheiten anregt. Drittens ist das Herzchakra das Zentrum für die Liebe ohne Bedingungen. Eingeschlossen ist damit auch die Liebe, die du dir selbst gibst, und ein Mangel an Selbstliebe ist oft der Kern eines Problems.

Bei diesem Chakren-Ausgleich werden alle Energiezentren in gleichem Maße mit Reiki behandelt. Du kannst deinen Partner fragen, welches Chakra er mit mehr Reiki-Energie behandelt haben möchte. Vertraue aber auch auf deine eigene Intuition, und vielleicht wirst du ihm anbieten, noch einem weiteren Chakra Reiki zu geben. Versuche ihn nicht zu überzeugen, daß du es besser weißt, in

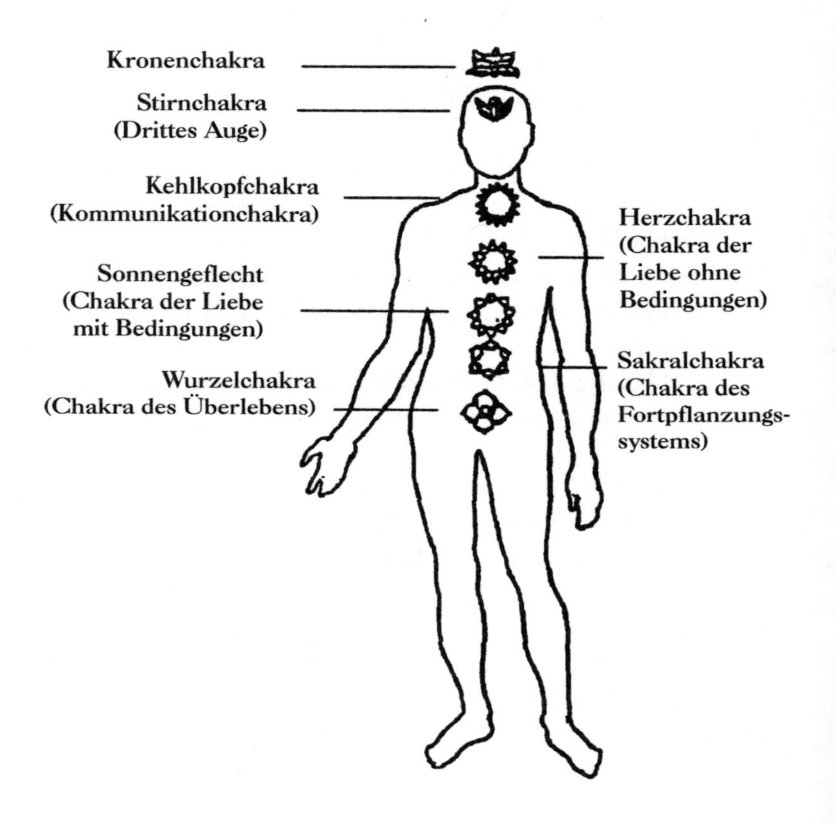


welchem Chakra Reiki nötig ist; du würdest ihm damit die Verantwortung für seine Selbstheilung abnehmen.

Alle Energiezentren sind gleich wichtig. Wenn eines nicht richtig arbeitet, wird diese Disharmonie die Funktion aller Chakren untereinander und damit dein gesamtes energetisches System und Wohlbefinden beeinträchtigen. Laß dich von Reiki führen, und deine Hände werden ihren Weg dorthin finden, wo sie am meisten benötigt werden.

# Kapitel 20

# Reiki und andere Heilmethoden

## A. Reiki und Schulmedizin

Erinnere dich daran, daß eine der goldenen Reiki-Regeln besagt, daß Reiki keine medizinische Behandlung ersetzt, jedoch als ergänzende Heilmethode sehr wirkungsvoll sein kann. Es unterstützt den gesamten Selbstheilungsprozeß, aber ein weiterer Hauptnutzen besteht darin, unerwünschte Nebenwirkungen zu vermindern, die durch konventionelle Therapieformen oft auftreten.

Die Einnahme von Medikamenten, die dir dein Arzt verschrieben hat, kann Nebenwirkungen hervorrufen, die verhindern, daß du dich körperlich und seelisch wirklich gesund fühlst. Regelmäßige Reiki-Behandlungen werden die Nebenwirkungen auf ein Minimum reduzieren oder sie eventuell gar nicht auftreten lassen. Oft geschieht es auch, daß die Menge der verschriebenen Medikamente herabgesetzt werden kann, da die Selbstheilungskräfte mobilisiert worden sind und du begonnen hast, dich selbst zu heilen. Dadurch brauchst du dann weniger Medikamente einzunehmen. Ich habe Fälle von Diabetes gesehen, bei denen die Einnahme oder das Spritzen von Insulin reduziert werden konnte, weil der Blutzuckerspiegel sich weitgehend normalisiert hatte. Das trifft auch zu, wenn du Beruhigungsmittel, Schlaftabletten oder ähnlich sedierende Medikamente nimmst. Eine ständige Unterstützung in Form von universeller Lebensenergie wird dir helfen, dich weitgehend unabhängig von der Einnahme dieser Medikamente zu machen.

Wenn du dich einer Operation unterziehen mußt, bereite dich darauf vor, indem du in den Tagen vor dem

Eingriff Reiki-Behandlungen bekommst. Du wirst dich entspannter fühlen und dem bevorstehenden Krankenhausaufenthalt angstfreier gegenüberstehen. Du wirst mehr inneren Frieden haben und eine positive Einstellung dem Prozeß deiner Selbstheilung gegenüber erfahren. Nach der Operation ist es wichtig, die regelmäßigen Reiki-Behandlungen fortzusetzen. Fühlst du dich nicht in der Lage dazu, dir selbst Reiki zu geben, oder wenn du kein Reiki-Kanal bist, zögere nicht, andere um Reiki zu bitten. Auch wenn du für längere Zeit im Krankenhaus bleiben mußt, versuche, weiterhin Reiki zu bekommen. Mit ein wenig Geschick wird es möglich sein, auch im Krankenzimmer Reiki zu erhalten, ohne die Aufmerksamkeit der anderen Patienten auf dich zu lenken. Dadurch ersparst du dir, deinem Reiki-Partner und deinen Mitgenossen im Krankenzimmer unerwünschte Peinlichkeiten.

Bei sehr starken Therapieformen, wie zum Beispiel Chemotherapie, wird Reiki helfen, die Nebenwirkungen auf ein Mindestmaß zu reduzieren. Ich erinnere mich gut an einen Fall aus meiner Reiki-Praxis, wo eine junge Frau am Abend, bevor sie zur ihrer Reiki-Behandlung kam, ihre wöchentliche Chemotherapie bekommen hatte. Sie fühlte sich außerordentlich gut, und ich hätte es ihr nie angesehen, daß am Abend vorher eine beträchtliche Menge chemischer Schadstoffe in sie hineingepumpt worden war. Auch die Ärzte und Krankenschwestern waren aufs äußerste erstaunt, daß sie keine Übelkeit, keine Schwäche, keinen Schwindel oder andere übliche Nebenwirkungen zeigte.

### B. Reiki und alternative Heilmethoden

In Kapitel 17 habe ich aufgezeigt, daß Reiki zusammen mit Edelsteinen angewandt werden kann; das ist nur eines von vielen Beispielen, wie Reiki mit einer anderen Heilmethode kombiniert werden kann.

Wenn du ein Reiki-Kanal bist, ist die universelle Energie immer vorhanden. Sobald du irgend jemanden oder irgend etwas berührst, findet eine spontane Energieübertragung statt, die so lange anhält, wie deine Hände in Kontakt mit der Person, dem Tier, der Pflanze oder einem Objekt sind. Wenn du also ein Masseur bist oder ein Shiatsu-Therapeut, wird Reiki in dem Moment zu fließen anfangen, in dem du deinen Partner berührst und deine Form der Therapie ausübst. In leicht abgewandelter Form kannst du auch Reiki-Handpositionen anwenden und die Energie einfach strömen lassen, ohne zu massieren, zu reiben, Druck auszuüben und korrigierende Manipulationen durchzuführen. Deinem Partner wird diese Methode besonders gut tun, wenn er in bestimmten Bereichen seines Körpers Schmerzen hat oder auf Druck sehr empfindlich reagiert.

Der folgende Vorschlag wird dir als Hilfe dienen, wie du zum Beispiel Reiki und Massage verbinden kannst: Dein Partner liegt auf seinem Bauch auf der Massageliege, und du beginnst den Nacken und Rücken, die Beine und Füße so zu massieren, wie du es auch sonst zu tun gewohnt bist. Bitte deinen Partner dann, sich auf den Rücken zu legen, so daß du Reiki geben kannst. Fange mit dem Kopf an, behandle dann seine Vorderseite, und zum Abschluß gib Reiki in die Fußsohlen. Diese Kombination zwischen Reiki und Massage wird eine wunderbare Erfahrung für euch beide sein. Für Frauen, die sich ungern den Brust- und Rippenbereich massieren lassen, kann diese Kombination sehr wirkungsvoll sein.

Ich empfehle Heilpraktikern, Akupunkteuren, Aromatherapeuten, Bachblüten-Therapeuten und allen, die im Bereich von alternativen Heilmethoden tätig sind, Reiki aktiv in ihre Arbeit als Bereicherung mit einzubeziehen.

Wenn ich zum Beispiel jemandem ein homöopathisches Heilmittel verschreibe, gebe ich zuerst dem Behälter Reiki, der das Mittel enthält – egal, aus welchem Material er ist. Wenn der Partner, der das Heilmittel bekommt, ein Reiki-Kanal ist, ermutige ich ihn, ebenfalls dem Heilmittel Reiki zu geben, bevor er es einnimmt. Er wird die Glasflasche oder den Plastikbehälter in einer oder beiden Händen halten, so daß die Reiki-Energie die Heilkraft des Mittels verstärken kann.

Freunde, die im künstlerischen Bereich tätig sind, haben mir von einer gesteigerten Kreativität berichtet, nachdem sie in Reiki eingeweiht worden waren.

Der Sinn und Zweck von Reiki ist es, dich ganz und heil zu machen. Reiki begrenzt niemanden und nichts, und deshalb kannst und solltest du es in allen Lebensbereichen anwenden. Ich, eine Reiki-Meisterin und Reiki-Lehrerin des Usui-Systems der natürlichen Heilung, weiß, daß Reiki dir immer die Richtung weisen und dir deinen Weg aufzeigen wird.

## Kapitel 21

# Das Reiki-Netzwerk

Man muß unterscheiden zwischen einem Netzwerk unter Reiki-Meistern und einem Netzwerk unter Reiki-Schülern/bzw. Reiki-Praktizierenden. In Kapitel 3 habe ich dir einen Einblick in die *Reiki Alliance*, einen Zusammenschluß von Reiki-Meistern, gegeben. In diesem Kapitel möchte ich auf das Netzwerk zwischen Reiki-Schülern näher eingehen.

Manche Reiki-Schüler haben kein Interesse daran, ein aktiver Teil der Reiki-Gemeinschaft zu sein, und sie werden es daher nicht wichtig finden, an regelmäßigen Reiki-Treffen oder Auffrischungsabenden teilzunehmen. Sie wenden Reiki vielleicht nur für sich selbst an und möchten es nicht mit anderen teilen. Wenn du zu dieser Gruppe von Reiki-Schülern gehörst, dann wünsche ich dir viele wunderbare und frohe Erfahrungen mit der universellen Lebensenergie. Falls du dich aber zu denjenigen zählst, die sich gerne aktiv an der Reiki-Gemeinschaft beteiligen möchten, dann gibt es für dich verschiedene Möglichkeiten:

A. Finde einen oder mehrere Reiki-Freunde, mit denen du regelmäßig Reiki-Behandlungen austauschst. Deine Lebensbatterie wird so durch Reiki ständig aufgeladen; außerdem kannst du Fragen, die Reiki betreffen, mit deinen Freunden diskutieren. Vielleicht kommen auch persönliche Dinge in dir hoch, wenn du Reiki erhältst, die du mit deinen Reiki-Partnern besprechen möchtest. Du wirst außerdem mehr Sicherheit und Selbstvertrauen erlangen, wenn du regelmäßig Reiki gibst, und das wiederum bereichert deine Erfahrung mit der universellen Lebensenergie.

B. Finde heraus, ob es Reiki-Treffen in deiner Nähe gibt, die entweder von einem Reiki-Meister oder einem Reiki-Schüler angeboten werden. Anzeigen in New Age Zeitschriften, Anschlagbretter in Naturkostläden oder spirituell ausgerichteten Buchläden haben oft die Information, die dir weiterhelfen wird. Du kannst auch den Reiki-Meister fragen, der dich eingeweiht hat, ob er weiß, wo und wann Reiki-Treffen stattfinden. Wenn du keinen Erfolg bei deiner Suche hast, wirst du vielleicht Lust bekommen, deine eigene Reiki-Gruppe anzufangen (lies dazu auch Kapitel 23). Eine regelmäßige Reiki-Gruppe und öffentliche Reiki-Treffen zu haben hat mehrere Vorteile. Es bringt Reiki-Schüler zusammen, die vermutlich von verschiedenen Reiki-Meistern eingeweiht worden sind, und das bereichert die Erfahrung von allen Beteiligten. Ihr könnt euch gegenseitig nicht nur Reiki geben, sondern es auch empfangen. Vielleicht nehmen an eurem Reiki-Treffen auch Personen teil, die keine Reiki-Kanäle sind. Für sie ist das eine wunderbare Möglichkeit, mehr über die universelle Lebensenergie zu lernen und zu erfahren. Sie können selbst spüren, wie sich eine Reiki-Behandlung anfühlt. Bekannte, Freunde und Familienangehörige, die offen für eine wirksame Form der Selbstheilung sind, werden diese Treffen sehr zu schätzen wissen.

C. Es gibt auch einige Reiki-Schüler, die eine »Reiki-Hotline« organisiert haben; ein anderes Wort dafür wäre eine »Reiki-Telefonkette«. Reiki-Freunde bieten sich an, die Reiki-Heilungsenergie in Notfällen zu senden. Wenn jemand ganz dringend Reiki braucht, egal, ob er eine Körperbehandlung möchte oder eine Fernbehandlung, rufen sich die Reiki-Schüler, die an der Telefonkette teilnehmen, nach dem Schneeballsystem gegenseitig an, und in kurzer Zeit ist gewährleistet, daß Reiki der bedürftigen Person gegeben werden kann. Vergiß nicht, daß bei einer Gruppenbehandlung das Synergie-Prinzip zur Geltung kommt.

Nicht nur die Person, die Reiki bekommt, wird Nutzen von der Energie haben; auch die Reiki-Kanäle, welche die Heilkraft senden, werden untereinander eine tiefe Verbundenheit spüren.

D. Es gibt eine weltweite Reiki-Organisation, die *Reiki Outreach International* heißt. Sie ist sowohl offen für Reiki-Schüler des ersten und des zweiten Grades als auch für Reiki-Meister, unabhängig davon, wie ihre spirituelle Linie und ihr Weg mit Reiki ist.

Reiki-Meisterin Mary McFadyen hat diese Organisation gegründet und wird dir im folgenden Kapitel darüber berichten.

# Kapitel 22

## Reiki Outreach International

von Reiki-Meisterin Mary McFadyen – Gründerin

Vor ein paar Jahren, als ich sah, wie Reiki sich über den ganzen Erdball auszubreiten begann, wurde mir bewußt, was für ein riesiges Potential darin bestehen würde, wenn diese Energie zum Zweck der Heilung unserer Erde zusammengefaßt würde. Jeder, der Reiki an sich erfahren hat, weiß um die heilende Wirkung dieser universellen Lebensenergie für Körper, Geist und Seele. Wir haben sowohl die Sanftheit und Stärke als auch die Intelligenz und Kraft von Reiki gespürt. Wir haben es für uns selbst zu schätzen gelernt und es mit Freude unseren Freunden, Bekannten und Familienmitgliedern gegeben.

In mir wurde eine Idee wachgerufen, und eine Vision begann sich zu entwickeln, bei der Tausende von Reiki-Menschen diese wunderbare Heilkraft zu Situationen senden, um Licht in die Dunkelheit zu bringen, um im Chaos Harmonie zu schaffen und Frieden zu bringen, wo Zwietracht herrscht. Ich sah eine unsagbar große Möglichkeit. Viele tausend Menschen haben bereits Reiki-Seminare besucht, und immer mehr sind offen, Reiki zu lernen. Die Heilkraft von Reiki, die Ende des 19. Jahrhunderts wiederentdeckt wurde, und die Reiki-Schüler waren bereits vorhanden; das einzige, was noch benötigt wurde, war ein Netzwerk, daß die Bemühungen der einzelnen zusammenfaßte und in Bahnen lenkte, so daß die Reiki-Energie gezielt zu Weltsituationen und Krisenherden gerichtet werden konnte.

Die Idee wuchs langsam, und auf einem Reiki-Meister-

Treffen fand ich mich plötzlich in der Position, eine leidenschaftliche Rede zu halten über diese Möglichkeit, wie Reiki weltweit zu nutzen wäre. Es verging einige Zeit, und in mir reifte die Erkenntnis, daß der nächste wichtige Schritt war, aus der Vision Wirklichkeit zu machen. Was für eine Herausforderung! Wie und wo sollte ich beginnen? Zu diesem Zeitpunkt hatte ich nur eine Schreibmaschine, die ich gelegentlich zum Briefeschreiben benutzte. Zuerst war es also notwendig, ein funktionsfähiges Büro einzurichten mit einem Computer und Drucker, einer Fax-Maschine, mit zusätzlichen Telefonanschlüssen, einem Schreibtisch und Aktenschrank. Dann mußte ich lernen, wie man mit einem Computer und den anderen technischen Geräten arbeitet. Wenn wir außerdem wirklich weltweit operieren wollten, mußte ich jemanden finden, der gewillt war, ein Büro in Europa und anderen Kontinenten aufzumachen. Reiki-Meister Jürgen Dotter und Reiki-Meisterin Gerda Drescher boten ihre Hilfe an, diese riesengroße Aufgabe in Angriff zu nehmen, so daß durch ihre selbstlosen Bemühungen das Netzwerk in Europa aufgebaut werden konnte.

Und welchen Namen sollte unsere Organisation haben? Von dem Moment an, wo die Vision zu reifen begann, war der Name da: *Reiki Outreach International* (R.O.I.). Ich hatte immer das Gefühl, daß R.O.I. auf der spirituellen Ebene in allen Einzelheiten bereits existierte, daß es jedoch unsere Aufgabe war, diese Idee zu manifestieren und sie praktisch zu verwirklichen und funktionstüchtig zu machen.

Nach viel Planungsarbeit und intensiven Bemühungen wurde Reiki Outreach International am 20. Juni 1990 offiziell ins Leben gerufen. Eine Einladung, Reiki Outreach International beizutreten, wurde an 3000 Personen in den

USA und in Europa gesandt, um ihnen Zweck und Ziel von R.O.I. aufzuzeigen:

1. Eine Organisation zu schaffen, die im Dienste steht, Reiki weltweit zu nutzen zum Wohl unseres Planeten und zum kollektiven Nutzen.
2. Ein globales Kommunikations-Netzwerk einzurichten, das dieses Ziel möglich macht.
3. Mitgliedern von Reiki Outreach International es zu ermöglichen, Reiki zu bestimmten Krisenherden und internationalen Ereignissen zu senden.
4. Reiki Outreach International ist offen für alle Reiki-Personen ungeachtet ihres Hintergrundes und ihrer spirituellen Linie.
5. Die Mitgliedschaft in Reiki Outreach International ist nicht abhängig von festgesetzten finanziellen Mitgliedsbeiträgen, sondern R.O.I. vertraut auf die Großzügigkeit der Mitglieder, angemessene Spendenbeiträge zu geben.
6. Die Entwicklung von anderen Projekten wird angestrebt, an denen R.O.I.-Mitglieder teilnehmen können.

Die Antwort auf unseren Einladungsbrief war wunderbar. Ende 1990 hatte Reiki Outreach International bereits 600 Mitglieder, und jetzt, im August 1994, haben wir die stolze Anzahl von 2000 Mitgliedern fast erreicht. 700 davon leben in den USA und Kanada, zwischen 500 und 600 in Deutschland, über 200 in der Schweiz, über 100 in Großbritannien und mehr als 200 in Australien und Neuseeland. In Dänemark, den Niederlanden, Brasilien, Rußland, Island und Polen steigt die Zahl der Mitglieder ebenfalls an. Hongkong, Singapur, Indien, viele mittel- und südamerikanische Länder und andere kleinere europäische Staaten interessieren sich für Reiki Outreach International. Und in dem Maße, wie sich Reiki weltweit verbreitet und bekannt wird, schließen sich immer mehr Reiki-Schüler unseren gemeinsamen Bemühungen an.

Durch die Unterstützung der Autoren Bodo Baginski und Shalila Sharamon, die in ihrem exzellenten Buch »Reiki-Universale Lebensenergie« Informationen über verschiedene Reiki-Organisationen gegeben haben, und ebenso durch die Hilfe von Reiki-Meisterin Klaudia Hochhuth, die in ihrem hier vorliegenden Buch »Reiki – natürliche Heilungsenergie der Hände« ein Kapitel Reiki Outreach International gewidmet hat, wurde es möglich gemacht, daß viele Reiki-Schüler auf der ganzen Welt von unserer Organisation erfahren konnten. Sie sind sehr erfreut darüber, daß ein derartiges Netzwerk existiert, dem sie beitreten und damit einen wesentlichen Beitrag für die Weltgemeinschaft leisten können.

Als Klaudia die Einladung, Reiki Outreach International beizutreten, erhalten hatte, war ihre spontane Antwort, sich als die Koordinatorin für die südliche Hemisphäre anzubieten. Sie hat seit 1990 ihr R.O.I.-Büro in der Nähe von Melbourne/Victoria in Australien, ebenso wie Jürgen Dotter seit 1990 der Koordinator für Deutschland ist. In der Schweiz hat Reiki-Meisterin Esther Schönbächler eine R.O.I.-Zweigstelle eingerichtet, und andere Zentren und Zweigstellen entstehen nach und nach in anderen Ländern. Reiki Outreach International wird schrittweise zu einer weltweiten Organisation mit Mitgliedern in allen Ländern der Erde (siehe im Anhang die Adressen in verschiedenen Ländern).

Es gibt weitere Mitglieder von R.O.I., die unsere tiefe Anerkennung verdienen. Ohne ihre beständige Unterstützung und ihren selbstlosen unermüdlichen Einsatz

hätte sich unsere Organisation nicht entwickeln und ihre Ziele erreichen können. Unser besonderer Dank gilt folgenden Mitgliedern:
- in Australien: Reiki-Meisterin Akisha, Reiki-Meister Elton Cleary, Reiki-Meisterin Liz Latham, Rolf Summerdot;
- in Brasilien: Luiz Felipe Castelo Branco;
- in Großbritannien: Brian Gould, Reiki-Meisterin Kate Jones, Chris Williams;
- in Kanada: Reiki-Meisterin Eleanor Quirk, David Ottoson;
- in Dänemark: Kristian und Helen Andersen;
- in Deutschland: Reiki-Meister Hans-Jürgen Colombara, Reiki-Meister Arica Stadnyk, Walter Winkelmann;
- in Irland: Reiki-Meister/in Bodo Baginski und Shalila Sharamon;
- in Rußland: Alexander und Aliona Nasokin, Igor Pribilof;
- in der Schweiz: Reiki-Meisterin Regula Linck, Reiki-Meisterin Esther Schönbächler, Naoba Shola, Nicole van Singer;
- in Amerika: Reiki-Meisterin Sheila King, Reiki-Meister/in Bill und Sharon Phelps, Mary Thompson Radulescu.

Unser grundlegender Sinn und Zweck, wie er auf den vorigen Seiten dargelegt wurde, ist, Reiki zu Situationen und Krisenherden zu senden, um Frieden und Harmonie zu bringen, wo sie nicht vorhanden sind, und leidenden Menschen Erleichterung und Heilung in Form der universellen Lebensenergie zu schicken. Während der letzten vier Jahre haben unsere vereinten Bemühungen in verschiedenen Gebieten und Bereichen der Erde positive Veränderungen erreicht, und ich möchte einige Beispiele aufzählen, wo wir die Reiki-Energie konzentriert hingeschickt haben:

* Kriege im Persischen Golf, in Afghanistan, Kroatien und in Bosnien.
* Politische und/oder religiöse Umwälzungen und Bedrohungen in Indien, Thailand und Kambodscha.
* Friedensprozesse im Mittleren Osten, in Israel, Bosnien und Irland.
* Heftige Erdbeben in der Türkei, in Ägypten, Indonesien, Japan, Indien und den USA.
* Vulkanausbrüche in Japan und auf den Philippinen.
* Verheerende Fluten in China, Indien, Europa und den USA.
* Buschfeuer in Australien.
* Cholera in Südamerika.
* Heilung für Mutter Erde und Bemühungen für eine gesunde Umwelt, wie zum Beispiel das Auslöschen der Ölfeuer in Kuwait, die Situation des Wetters auf der ganzen Erde, die UN- Konferenz für die Entwicklung von besseren Umweltbedingungen, der gestrandete Öltanker vor der Küste der Shetland-Inseln, das Ozonloch und vieles mehr.

Unsere konzentrierte Reiki-Energie, die wir für die oben erwähnten und andere Situationen kanalisiert haben, hat eine kraftvolle Wirkung. Obwohl es unmöglich ist, bestimmte Ergebnisse auf die Reiki-Energie zurückzuführen und ihre Wirksamkeit zu beweisen, zeigen die Situationen an, die Reiki erhalten haben, daß Reiki eine positive Wirkung hatte. Dazu kommt natürlich auch, daß viele andere Menschen, die keine Reiki-Kanäle sind, sich auf ihre Art und Weise – durch Gebet, positives Denken usw. – um die Heilung und Verbesserung der Lebensqualität auf unserem Planeten bemüht haben.

Es ist des öfteren passiert, daß sich Reiki Outreach International der Ernsthaftigkeit einer Situation schon bewußt war, bevor diese bestimmte Situation ins Licht der Öffentlichkeit rückte. Im Fall der Dürre in Afrika haben wir Reiki im Juli 1991 dorthin gesendet, und das war lange, bevor die Welt aufmerksam darauf wurde. Durch die Energie Hunderter von Reiki-Praktizierenden und Tausender von Menschen, die ihre Gebete und positiven Gedanken auf bestimmte Situationen richteten, konnten wir einen wesentlichen Beitrag zur Heilung, zu Harmonie und Frieden für unseren Planeten und die Menschheit leisten. Unsere gemeinsamen Bemühungen sind dabei in weitaus größerem Umfang wirksam, als wenn jeder für sich getrennt seine Heilenergie einsetzt.

Ein anderer Bereich, in dem unsere Mitglieder tätig waren und in den viel Reiki-Energie geströmt ist während der letzten zweieinhalb Jahre, ist das »Kinder-Projekt«. Durch dieses R.O.I.-Programm erhielten ungefähr 150 Kinder in zwei rumänischen Waisenhäusern die Reiki-Heilkraft von über 200 R.O.I.-Mitgliedern, und für diese Kinder haben im Laufe dieser Zeit viele Veränderungen stattgefunden. Aber nicht nur die Waisenkinder, sondern auch die freiwilligen Reiki-Schüler sind durch diese Erfahrung außerordentlich bereichert worden. Viele Reiki-Freunde haben Briefe geschickt, in denen sie schilderten, wie sehr sie berührt waren von der tiefen Verbindung, die aus dem Senden von Reiki zu den Waisenkindern hervorgegangen war.

Gegenwärtig sind neue Projekte im Entstehen. Reiki Outreach International ist in der einzigartigen Position, ein Netzwerk zu unterstützen, in dem es um Reiki und wissenschaftliche Forschung geht. Dieser Bereich hat ein großes Potential und wartet förmlich darauf, in Angriff genommen zu werden. Wir sammeln Informationen über Reiki-Forschungsprojekte, die bereits ausgeführt worden sind, und machen dieses Wissen zugänglich. Eine weitere Möglichkeit, die momentan erforscht wird, ist die Frage, wie Reiki in Gefängnissen angewandt und genutzt werden kann. Alle Projekte werden sich auf natürliche Art und Weise entfalten, wenn wir die universelle Reiki-Energie in selbstlosem Dienst praktizieren. Reiki Outreach International wurde ins Leben gerufen, um alle diese wunderbaren Möglichkeiten und Gelegenheiten zu untersuchen, und wenn du, liebe Leserin und lieber Leser, zum jetzigen Zeitpunkt kein Mitglied bist, lade ich ich dich von ganzem Herzen ein, Reiki Outreach International beizutreten und uns in unseren gemeinsamen Bemühungen einer globalen Vision zu unterstützen.

## Kapitel 23

# Ethische und praktische Richtlinien für Reiki-Praktizierende

Die folgenden Richtlinien sind nicht nur hilfreich und angemessen für diejenigen, die Reiki professionell ausüben wollen, sondern werden auch denjenigen eine Inspiration sein, die auf privater Basis ihre eigene Reiki-Gruppe anfangen möchten. Dabei spielt es keine Rolle, ob bei den Reiki-Treffen die Öffentlichkeit Zugang hat oder nicht. Die folgenden Richtlinien sind nicht rigide, sondern müssen den individuellen Gegebenheiten angepaßt werden.

* Eine Person, die Reiki ausübt, ist weder ein Heiler noch ein Hellseher.
* Ein Reiki-Praktizierender ist ein Kanal für die universelle Lebensenergie, wodurch Selbstheilung für den Partner ermöglicht wird.
* Eine Person, die zur Reiki-Behandlung kommt, wird als Freund oder Partner angesehen und nicht als Patient oder Klient.
* Eine Hierarchie zwischem dem, der Reiki gibt, und dem, der Reiki empfängt, wird so vermieden.

Wenn jemand Reiki professionell ausübt, ist es von Vorteil, den zweiten Reiki-Grad zu haben, da eine größere Bandbreite von Techniken eingesetzt werden kann:

* Ganzkörperbehandlung
* Kurz-/Schnellbehandlung
* Mentale (oder tiefgreifend seelische) Behandlung – sie kann auch in die Ganzkörperbehandlung und in die Fernbehandlung miteinbezogen werden

* Fernbehandlung
* Chakren-Ausgleich.

Zu Beginn einer Behandlungsserie werden vier Reiki-Behandlungen angeboten, wobei das Gefühl und die Meinung des Partners mit einbezogen wird, welche der verschiedenen Reiki-Techniken am geeignetsten ist. Nach den vier Behandlungen wird zusammen mit dem Partner besprochen, wie in der Zukunft vorgegangen werden soll.

Wenn du außer Reiki noch eine andere Heilmethode ausübst, ist es wichtig und fair, deinen Partner darüber zu informieren und ihn wissen zu lassen, wann und wie du Reiki mit der anderen Heilmethode kombinierst. Du mußt dabei nicht in Einzelheiten gehen, aber es ist wichtig, daß dein Partner weiß, was du tust.

Die goldenen Reiki-Regeln für Reiki-Praktizierende sind:

* Reiki ersetzt keine medizinische Behandlung.
* Es wird keine Diagnose gestellt.
* Es wird keine Prognose gestellt.
* Mehr Reiki ist besser als weniger; ein bißchen Reiki ist besser als kein Reiki.

Ein Reiki-Praktizierender sollte sich bewußt sein, daß es wichtig ist, seinen Reiki-Partner darauf hinzuweisen, bei ernsteren Beschwerden einen Arzt oder einen Spezialisten zu konsultieren und sich zusätzlich von ihm behandeln zu lassen. Weise aber auch darauf hin, daß Reiki jede andere Heilmethode unterstützt. Manche Menschen denken nämlich, daß sie die Reiki-Behandlungen aufgeben müssen, wenn sie schulmedizinische Behandlungen bekommen.

Reife, Verantwortung und Erfahrung kennzeichnen eine Person, die ernsthaft Reiki praktiziert. Sie ist in der Lage, zwischen eigenen Problemen und denen des Reiki-Partners zu unterscheiden. Dem Reiki-Praktizierenden sollte es auch möglich sein, von einem Problem des Partners Abstand zu nehmen, trotzdem aber Mitgefühl und Verständnis zu zeigen. Er läßt sich nicht mit in das Problem verwickeln und ermöglicht dem Partner dadurch den Raum und die Zeit, die er für den Prozeß seiner Selbstheilung benötigt. Es ist eine Rückversicherung für den Reiki-Praktizierenden zu wissen, daß das Ergebnis der Behandlung letztendlich immer zum Besten seines Partners sein wird und er es willentlich sowieso nicht beeinflussen kann.

## Was ist Heilung?

Die Grundlage jeder Form von Krankheit, Unbehagen und Unwohlsein ist Angst. Deshalb ist es außerordentlich wichtig für den Heilungsprozeß, daß Angst im weitesten Sinne vermindert, wenn nicht sogar beseitigt wird. Ein Aspekt des Heilungsprozesses besteht darin, daß derjenige, der Reiki gibt (der Reiki-Praktizierende), und derjenige, der Reiki empfängt (der Reiki-Partner), beide ein Gefühl von Wohlbefinden und eine Verbesserung ihres Allgemeinzustandes spüren – egal, ob sich eine Krankheit bereits manifestiert hat oder ob sie sich im Anfangsstadium befindet.

Um diese Anmerkungen über Heilung zu untermalen, möchte ich vier kurze Ausschnitte aus »Ein Kurs in Wundern« zitieren. Ich hoffe, sie werden dein Verständnis von Heilung erweitern.*

* Nachweis der Zitate aus: Ein Kurs in Wundern (Greuthof Verlag, Gutach i.Br., 1994).

Kein Lehrer GOTTES [Reiki-Praktizierender] sollte enttäuscht sein, wenn er Heilung angeboten hat und es nicht so aussieht, als sei sie empfangen worden. Es liegt nicht bei ihm zu beurteilen, wann seine Gabe angenommen werden sollte. *(H-6.2:7,8)*

Heilung wird in dem Augenblick vollbracht, in dem der Leidende keinerlei Wert mehr im Schmerz sieht. *(H-5.I.1:1)*

Heilung muß genau in dem Verhältnis geschehen, in dem die Wertlosigkeit der Krankheit begriffen wird. *(H-5.II.1:1)*

Ein Therapeut heilt nicht: Er läßt die Heilung geschehen. *(T-9.V.8:1)*

## Das Einrichten einer Reiki-Praxis

Wenn du als ein Reiki-Praktizierender (Reiki-Therapeut) arbeitest, bist du für deinen Partner ein lebendes Beispiel und Vorbild von Reiki. Du kannst von:

* deiner Privatwohnung oder
* von einer professionellen Praxis aus arbeiten (eventuell zusammen mit Heilpraktikern, alternativen Therapeuten, Ärzten oder anderen Reiki-Praktizierenden).

Egal, wofür du dich entscheidest, beachte bitte folgende Punkte:

* sei zuverlässig;
* teile deine Zeit für eine Behandlung großzügig ein;
* triff eine klare Abmachung mit deinem Partner, bevor du die Behandlung beginnst, wie der Energieaustausch für die Reiki-Behandlung aussehen soll (der Energieaustausch ist eine Anerkennung für die Zeit,

die du mit deinem Partner verbringst, wenn du ihm Reiki gibst – lies auch den Abschnitt »Reiki und Geld« weiter unten nach);

* deine äußere Erscheinung sollte sauber und ansprechend sein;
* der Raum, in dem die Behandlung stattfindet, sollte ebenfalls sauber und gemütlich sein (Kerze, Duftöle, Musik usw.);
* biete deinem Partner vier aufeinanderfolgende Behandlungen an, wenn es euch beiden paßt, und besprecht danach den weiteren Verlauf.

### Wie du eine Reiki-Gruppe ins Leben rufst

Entscheide dich für einen bestimmten Tag, und setze die Zeit für das Treffen fest. Sei dir darüber im klaren, daß du es nicht jedem recht machen kannst. Wichtig ist, daß du dich verpflichtet hast.

* Triff eine Wahl, ob ihr
  - entweder mit einem gemeinsamen Essen anfangen wollt; das hat den Vorteil, daß es den Reiki-Schülern und anderen Teilnehmern die Möglichkeit gibt, sich vor den Reiki-Behandlungen kennenzulernen und zu unterhalten;
  - oder ihr gebt euch zuerst Reiki und beendet das Treffen mit einem leichten Imbiß.
* Triff eine Entscheidung,
  - ob deine Reiki-Freunde etwas zu essen mitbringen sollen (Kekse, Salat, Obst usw.)
  - oder ob du um eine finanzielle Spende bittest, um die Kosten zu decken (eventuelle Raummiete, Tee, Kaffee usw.).

Du bist der Organisator dieser regelmäßigen Treffen; daher liegt es in deiner Verantwortung, dafür zu sorgen, daß genug Massageliegen oder Matratzen vorhanden sind. Frage – wenn nötig – die anderen Teilnehmer, ob sie ihre eigenen Massageliegen, Kissen und Decken mitbringen können.

Sei darauf vorbereitet, daß sowohl Reiki-Schüler als auch Reiki-Interessierte Fragen an dich stellen, da sie dich wahrscheinlich als Autorität ansehen werden. Hab vor dieser Aufgabe keine Angst, sondern sei zuversichtlich, daß Reiki dich dabei führen und unterstützen wird.

## Ratschläge für die Unterhaltung mit deinem Reiki-Partner

Du mußt nicht geschult sein in psychologischer Gesprächsführung, aber sie wird unter Umständen hilfreich sein. Der wichtigste Bestandteil deiner Gesprächsführung ist die Fähigkeit, mit deinem Herzen zuzuhören. Ein paar praktische Tips sind dennoch wichtig:

* Stelle keine Suggestivfragen.
* Fälle kein Urteil über das, was dir dein Partner erzählt.
* Laß deinen Partner immer zuerst sprechen.
* Zeige ihm deine Aufmerksamkeit, Mitgefühl und Anteilnahme.
* Sei äußerst vorsichtig mit Ratschlägen, da sie vermutlich aus deiner eigenen Erfahrung stammen und deinem Partner wahrscheinlich nicht viel geben.

## Reiki und Geld

Wenn du dich für eine Reiki-Behandlung bezahlen läßt, dann ist es niemals für die universelle Lebensenergie, denn diese ist für jeden kostenlos. Der Preis für eine Reiki-

Behandlung ist statt dessen für deine Zeit, die du mit deinem Partner verbringst, wenn du Reiki gibst. Der Energieaustausch zwischen dir und deinem Partner kann verschiedene Formen annehmen. Hier sind einige Vorschläge:

* Du läßt dich mit einer festgesetzen Gebühr bezahlen.
* Du nimmst eine Spende in Form von Geld oder einem Geschenk an.
* Dein Partner gibt dir »seine Zeit« und arbeitet für dich, hilft dir zum Beispiel im Garten, bei der Hausarbeit, beim Autowaschen o.ä.
* Du und dein Partner tauschen gegenseitig Behandlungen aus, wobei dein Partner dir vielleicht eine Heilmethode anbietet (Massage, Shiatsu u.ä.), in der er geschult ist.

Das Geschenk von Reiki und der Wert, der einer Behandlung beigemessen wird, wird von deinem Partner weitaus mehr geschätzt, wenn er in irgendeiner Form etwas zurückgeben kann. Trotzdem ist das oberste Gebot:

*Verweigere niemandem eine Reiki-Behandlung!*

## Reiki und Werbung

Natürlich mußt du bekanntmachen, daß du Reiki praktizierst und Behandlungen anbietest. Erwecke aber nicht den Eindruck, daß du in Reiki die Medizin gefunden hast, welche die gesamte Menschheit und unseren Planeten heilen wird. Sei kein Reiki-Missionar. Diejenigen, die offen sind für die universelle Lebensenergie, werden den Weg zu dir und Reiki finden. Vertraue darauf!

Reiki verbreitet sich durch die Erfahrung, wenn du

jemandem deine Reiki-Hände auflegst und die Energie fließen läßt, und nicht durch Mundpropaganda. Eine vielleicht ungewöhnliche Beschreibung, wie Reiki sich verbreitet, wäre durch »Handpropaganda«.

Beachte folgende Punkte:

* Informiere andere über Reiki, das Usui-System der natürlichen Heilung, ohne missionieren zu wollen.
* Biete Reiki an, wenn es angemessen ist.
* Laß dir eine Einführungsbroschüre über Reiki drucken, die deinen Namen, Adresse und Telefonnummer enthält (siehe auch »Was ist Reiki?« im Anhang dieses Buches).
* Laß dir Visitenkarten drucken.
* Lege Informationszettel in Gesundheitsläden, Heilpraktiker- und Arztpraxen und alternativen Buchläden aus.
* Organisiere Übungsabande für Reiki-Schüler und Reiki-Treffen, die offen sind für Interessierte, die keine Reiki-Kanäle sind.
* Vielleicht traust du dich, einen Vortrag über Reiki anzubieten. Bitte um die Unterstützung eines Reiki-Meisters – vielleicht der, der dich eingeweiht hat.

Seit Februar 1985 lehre ich Reiki, und mein abschließender Wunsch für dich, als Meisterin und Lehrerin des Usui-Systems der natürlichen Heilung, lautet:

*Praktiziere Reiki in Einfachheit und pur in seiner ursprünglichen Form!*
*Ich danke für Reiki, die universelle Lebensenergie!*

# Anhang

## 1. Mein Weg zur Reiki-Meisterin

Das soziale Umfeld, in das ich hinein geboren wurde, bestimmte meinen Lebensweg von Anfang an in starkem Ausmaß. Ich war schon von frühester Kindheit an mit den Problemen und Gefühlen von anderen Menschen aus sehr unterschiedlichen Lebensbereichen ständig konfrontiert, weil meine Eltern beide in der Sozialarbeit tätig waren.

Die prägenden Jahre meiner Kindheit und als Teenager führten konsequenterweise dazu, daß auch ich einen Beruf im sozial orientierten Bereich ergreifen wollte. So studierte ich an der Hamburger Universität Erziehungswissenschaft und Psychologie und machte 1977 meinen Abschluß als Diplompsychologin mit dem Schwerpunkt in klinischer Psychologie.

Aus mir damals unerklärlichen Gründen war ich nicht zufrieden mit dem, was ich erreicht hatte. Während meines Studiums hatte ich viel über die Menschen und ihre Gefühle, ihre Verhaltensmuster und Denkstrukturen gelernt, der Körper mit seinen Mechanismen und Funktionen aber war zu kurz gekommen. Ich entschloß mich daher, eine Ausbildung als Heilpraktikerin zu machen.

Alternative Heilmethoden zu studieren und mein Wissen zu erweitern gab mir eine große Befriedigung, und dennoch – als ich im Jahre 1984 mein Heilpraktiker-Zertifikat in den Händen hielt, hatte ich ein Gefühl, daß da noch etwas war, was meinen Lernprozeß vervollständigen könnte, um mir Sinn und Erfüllung im Leben zu geben.

Ich war und bin sehr ausdauernd, wenn es darum geht,

meine Aufgabe und Rolle in diesem Leben zu finden, und ich war offen für alles, was in bezug darauf auf mich zukam ... und so passierte es, daß Reiki meinen Lebensweg kreuzte. Da ich eine akademische Ausbildung hatte, war ich Reiki – der Kunst des Handauflegens – gegenüber außerordentlich skeptisch; wenn ich zurückdenke, kann ich mich nicht mehr daran erinnern, warum ich eigentlich an einem Reiki-Seminar teilnehmen wollte, denn ich hatte die Erfahrung einer Reiki-Behandlung noch nicht gemacht. Nachdem ich den ersten Reiki-Grad abgeschlossen hatte, war ich nicht besonders daran interessiert, auch noch den zweiten Grad zu machen, weil sich nichts Signifikantes durch den Kontakt mit der universellen Lebensenergie ereignet zu haben schien. Als ich jedoch das Geld für den zweiten Reiki-Grad als Geschenk erhielt, dachte ich mir: »Warum eigentlich nicht?«

Als ich die Initiation in den zweiten Grad bekam, geschah etwas sehr Unerwartetes mit mir, und Worte reichen nicht aus, um diese Empfindung zu beschreiben. Ich hatte ein Gefühl des Erwachens und des Wieder-Gewahrwerdens meines Heiligen Selbst, ein Gefühl des Einsseins mit jedem und allem – es war überwältigend und tiefgreifend, und ich werde dieses Erlebnis nie vergessen. Es veränderte mein ganzes Leben und wies mir meine spirituelle Richtung. Von dem Moment an entwickelte sich alles natürlich und spontan.

Ich reiste nach Amerika und Kanada, um mich in Reiki, dem Usui-System der natürlichen Heilung, weiterzubilden, und am Valentinstag 1985 weihte mich Großmeisterin Phyllis Lei Furumoto in Denver/Colorado zur Reiki-Meisterin ein.

Zusammen mit Reiki-Meister Peter Didaskalu begründete ich ein Reiki-Zentrum in Hamburg – das erste seiner

Art in Deutschland –, und seitdem widme ich mein Leben der Lehre von Reiki.

Im Jahre 1984 hörte ich von dem Buch »A Course in Miracles« (»Ein Kurs in Wundern«), und ich war sofort von seinem spirituellen Gedankengut fasziniert. Zusammen mit einer Freundin fing ich an, »A Course in Miracles« in die deutsche Sprache zu übersetzen. Es war eine unglaublich herausfordernde Aufgabe. Ich bereue nicht eine einzige Minute der Zeit, die ich damit verbracht habe. Ich habe so viel davon gelernt, und »Ein Kurs in Wundern« hat mich in meinem spirituellen Wachstum gefördert und tut es noch bis zum heutigen Tag. Meine Freundin, Margarethe Tesch, hat sehr wesentlich dazu beigetragen, daß »Ein Kurs in Wundern« im Herbst 1994 in deutscher Sprache erschienen ist. Ich danke ihrer Entschlossenheit und ihrer Einsatzfreude.

Als ich 1986 nach Australien auswanderte, war es äußerst unpraktisch für mich, weiter an der Übersetzung mitzuwirken. Ich zog mich aus dem Übersetzungsteam zurück und fühlte, daß meine Aufgabe mehr darin bestand, das Gedankengut des Kurs in Wundern durch Seminare und Vorlesungen zu verbreiten.

In der Nähe von Melbourne/Australien gründete ich 1987 das Reiki Hideaway Retreat – ein spirituelles Zentrum zum Lehren von Reiki und für Interessierte des Kurs in Wundern. Obwohl meine Basis hier in Australien ist, ist mein Leben weiterhin von vielen und langen – manchmal abenteuerlichen – Reisen geprägt. Ich überlasse mich dabei der Führung von Reiki und vertraue darauf, daß mich der Kurs in Wundern den Menschen begegnen läßt, die – ebenso wie ich – nach Heilung, innerem Frieden und Ganzheit suchen.

Der Weg mit Reiki ist ein Weg der Liebe ohne Bedingungen, und das ist auch die Botschaft des Kurs in Wundern. Wenn ich Reiki lehre – egal, ob es der erste oder zweite Grad ist oder ob ich einen Meister-Kandidaten ausbilde –, habe ich das Ziel, daß der Schüler den Weg der Liebe und Vergebung, der Einheit und der Heiligkeit, der Fürsorge und des Mitgefühls für sich selbst und andere erfährt. Reiki ist für mich auf diesem Weg ein wunderbares Mittel.

Ich empfinde eine tiefe Dankbarkeit dafür, daß ich das gewisse »Etwas« gefunden habe, das ich seit Beginn meines Studiums und in Zeiten der Suche nach dem Sinn und Zweck in meinem Leben zu finden hoffte. Ich danke für die Reiki-Heilkraft und für die spirituelle Führung durch das Gedankengut des Kurs in Wundern!

## 2. Wichtige Reiki-Adressen

A. **The Reiki Alliance**
P.O.Box 41
Cataldo ID 83810-1041
USA
Phone: 208-682-3535; Fax: 208-682 -4848

B. **A.I.R.A.**
American International Reiki Association
(auch als »Radiance Technique« bekannt)
P.O.Box 86038
St. Petersburg, FL 33738, USA

C. **Reiki Outreach International Büros (weltweit)**
Head Office (Reiki-Meisterin Mary McFadyen):
P.O.Box 609
Fair Oaks, CA 95628, USA
Telefon: (916) 863-1500; Fax: (916) 863-6464

Südliche Hemisphäre:
P.O.Box 445
Buninyong 3357
Victoria/Australia
Telefon: 053-413 969; Fax: 053-413 969

Europäisches Hauptbüro:
Postfach 111
D-83355 Grabenstätt
Telefon: 08661-8268; Fax: 08661-8268

Schweizer Büro:
Riegelweidstraße 8
CH-8841 Groß b. Einsiedeln
Telefon: 055-532 171; Fax: 055-537 672

Dänisches Büro:
Ballevej 127 – Gammelby
7300 Jelling
Telefon: 75 – 88 18 53

Britisches Büro:
8 Ashmore Road
Cotteridge
Birmingham B 30 2 HA
Telefon: 021 – 433 3212

D. **Reiki Hideaway Retreat (Klaudia Hochhuth)**
RSD 975 R
Durham Lead 3352
Victoria/Australia
Telefon: 053-413 159; Fax: 053-413 969

**Kontaktadresse in Deutschland**
**(Klaudia Hochhuth)**
(auch für Summerdot's Design)
c/o Heinrich Hochhuth
Rita Bardenheuer Straße 15
D-28213 Bremen
Telefon: 0421/219 115

## 3. Buchempfehlungen


Bach, Edward: *Gesammelte Werke.* Aquamarin Verlag, Grafing, 2. Aufl. 1989.

ders.: *Die nachgelassenen Originalschriften von Edward Bach.* Hrsg. von Judy Howard u. John Ramsell. Hugendubel Verlag, München 1991.

ders.: *The Twelve Healers.* The C.W. Daniel Company, Saffron Walden 1990.

Baginski, Bodo u. Shalila Sharamon: *Das Chakra-Handbuch.* Windpferd Verlag, Aitrang 1989.

dies.: *Reiki – Universale Lebensenergie zur ganzheitlichen Behandlung.* Synthesis Verlag, Essen 1985.

Brown, Fran: *Reiki leben. Takatas Lehren.* Synthesis Verlag, Essen 1994.

Byers, Dwight C.: *Better Health with Foot Reflexology (The Original Ingham Method).* Ingham Publishing, Florida 1983.

Chancellor, Philip M.: *Das große Handbuch der Bachblüten.* Aquamarin Verlag, Grafing 1988.

Foundation for Inner Peace: *A Course in Miracles.* Foundation for Inner Peace, Tiburon 1975.

dies.: *Ein Kurs in Wundern.* Greuthof Verlag, Gutach i.Br. 1994.

dies.: *Psychotherapy: Purpose, Process and Practice.* Foundation for Inner Peace, Tiburon 1976.

Haberly, Helen J.: *Hawayo Takata's Story.* Archedigm Publications, Garrett Park 1990.

Harrison, Dr. John: *Liebe deine Krankheit – sie hält dich gesund.* Hugendubel Verlag, München 1988.

Horan, Paula: *Die Reiki-Kraft.* Windpferd Verlag, Aitrang 1989.

Klinger-Raatz, Ursula: *Reiki mit Edelsteinen*. Windpferd Verlag, Aitrang 1991.
Lübeck, Walter, *Das Reiki Handbuch*. Windpferd Verlag, Aitrang 1990.
Mitchell, Paul David: *Handbook for Students*. Revised edition for The Reiki Alliance. Idaho 1985.
Rogers, Carl R.: *Die klientenzentrierte Gesprächspsychotherapie*. Fischer Taschenbuch Verlag, (22.-23. Tsd.) Frankfurt 1994.
ders.: *Die nicht-direktive Beratung*. Fischer Taschenbuch Verlag, (8.-9. Tsd.) Frankfurt 1991.
Tausch, Reinhard: *Gesprächspsychotherapie*. Verlag für Psychologie Hogrefe, Göttingen 1973.
White, Judith & Day, Karen: *Aromatherapy for Scentual Awareness*. Nacson and Sons, Brighton Le Sands 1992.

## 4. Empfehlungen für Videokassetten

Foundation for Inner Peace: *The Story of A Course in Miracles*. Foundation for Inner Peace, Tiburon 1987.
Cine-Tech Australia Productions: *Reiki – An Ancient Japanese Art of Wellbeing*. Cine-Tech Australia Productions, Melbourne 1992.
*Reiki – Das Usui-System der natürlichen Heilung*. Edis, Sauerlach.

## 5. Empfehlung für eine Tonkassette

Phyllis Lei Furumoto: *Das Usui-System der natürlichen Heilung*. Jürgen Kindler Verlag, Frankfurt 1993.

## 6. Was ist Reiki?*

Reiki ist eine alte Heilkunst, die vor über einhundert Jahren in Japan wiederentdeckt wurde. Reiki, das Usui-System der natürlichen Heilung, kann folgendermaßen beschrieben werden:

* Es ist eine sanfte, dennoch kraftvolle Technik des Handauflegens, die die Erfahrung des Ganzseins vermittelt sowohl für den, der Reiki gibt, als auch für den, der die Energie empfängt.
* Es stellt die natürliche Harmonie und Ausgewogenheit in deinem Körper wieder her.
* Es ruft einen Zustand von tiefer Entspannung hervor und läßt dadurch ein Gefühl von innerem Frieden und Wohlbefinden entstehen.
* Es wirkt auf der körperlichen, seelischen, geistigen und spirituellen Ebene.
* Es ergänzt sowohl andere Heilmethoden (zum Beispiel Massage, Homöopathie, Akupunktur, Psychotherapie usw.) als auch schulmedizinische Behandlungsformen. Es ersetzt jedoch keine anderen Heilweisen.
* Es kann mit allen anderen Therapieformen kombiniert werden.
* Es geht durch alle Materialien hindurch: Wolle, Baumwolle, Seide, Bandagen, Gipsverbände, Leder, Metall, so daß sich der Partner nicht entkleiden muß.
* Es ist keine Religion, kein Kult und hat keine Dogmen. Ein spezielles Glaubenssystem ist nicht erforderlich.
* Es kann bei Menschen, Tieren und Pflanzen angewandt werden.
* Die Bereitwilligkeit, Reiki zu lernen, und der Wunsch, es in deinem Leben anzuwenden, sind die einzigen Voraussetzungen für die Teilnahme an einem Seminar. Jeder kann Reiki lernen!

* **Diesen Teil kannst du abschreiben!**

Der menschliche Organismus funktioniert durch ein harmonisches Zusammenspiel der Fünf Kosmischen Grundelemente Erde, Wasser, Feuer, Luft und Äther.

In diesem Buch wird der Versuch einer Integration von überlieferten Heilweisen aus dem Grenzbereich zwischen Ayurveda, Tantra und Yoga mit modernen sanften Therapien unternommen, um die Methode der *Pentharmonie* zu entwickeln: die Erkennung, Behandlung und Heilung von Unausgewogenheiten der Fünf Elemente und energetischen Mangelzuständen in den feinstofflichen Zentren des Körpers.

Für die Heilkunst des Tantra und Ayurveda äußert sich jede gesundheitliche Störung oder Krankheit im Energiekörper des Menschen, weshalb sie auch mit energetischen Methoden arbeitet.

Im Mittelpunkt dieser Therapie stehen die *Chakras* oder feinstofflichen Energiezentren im Körper, die durch Über- oder Unterfunktion entscheidend an unserem körperlich-seelischen Gleichgewicht beteiligt sind. Der therapeutische Ansatz beruht im wesentlichen auf einem Verständnis der *Fünf Kosmischen Grundelemente* und den daraus abgeleiteten Heilmitteln, die eine Ausgewogenheit der Fünf Elemente und damit eine harmonische Funktionsweise und Verbindung aller Chakras herstellen.

Gérard Edde
**Chakras und Heilung**
160 Seiten mit Abbildungen
Broschur
ISBN 3-925828-30-3